『논어』 속의 사람들, 사람들 속의 『논어』

이규필_경북대학교 인문대학 한문학과 교수

현재 경북대학교 한문학과에서 한문학과 고전번역 분야에 관심을 가지고 연구와 교육에 종사하고 있다. 대산臺山 김매순金邁淳의 학문과 산문을 연구하여 박사학위를 받았고, 이후 경학과 문학의 접점에 대해 공부하고 있다. 한문고전 번역에 관심을 가지고 언해와 현토에 대한 몇 편의 논문을 발표한 적이 있으며, 『국역 무명자집』, 『국역 인평대군 연행시』, 『국역 묵자간고』 등의 번역서를 펴냈다. 아울러 『논어』에 지속적인 관심을 가지고 「논어 번역의 새로운 지평을 위하여」 등의 논문을 발표하였다.

경북대학교 인문교양총서 52

『논어』 속의 사람들, 사람들 속의 『논어』

초판 1쇄 인쇄　2022년 5월 20일
초판 1쇄 발행　2022년 6월 8일

지은이　이규필
기 획　경북대학교 인문대학
펴낸이　이대현
편 집　이태곤 권분옥 문선희 임애정 강윤경
디자인　안혜진 최선주 이경진
마케팅　박태훈 안현진

펴낸곳　도서출판 역락
출판등록　1999년 4월 19일 제303-2002-000014호
주소　서울시 서초구 동광로 46길 6-6 문창빌딩 2층 (우06589)
전화　02-3409-2060
팩스　02-3409-2059
홈페이지　www.youkrackbooks.com
이메일　youkrack@hanmail.net

ISBN 979-11-6742-329-0 04150
978-89-5556-896-7(세트)

*정가는 뒤표지에 있습니다.
*잘못된 책은 바꿔 드립니다.

이 책은 2021년 정부재원(경북대학 국립대학육성사업)으로 한국연구재단의 지원을 받아 제작되었습니다.

『논어』 속의 사람들, 사람들 속의 『논어』

이규필 지음

경북대학교 인문교양총서

052

역락

들어가며

나는 『논어』를 정말로 좋아한다. 전공 분야도 아니건만 연구실의 한쪽 벽면은 『논어』로만 채워져 있다. 풀지 못하고 쟁여놓은 책들도 몇 상자다. 지금은 접었지만, 젊은 날 한때 세상의 모든 서가를 뒤져 모은 자료들로 공자 박물관이나 『논어』 도서관을 만드는 것이 내 꿈이었다. 가난한 학인이 이루기엔 어려운 꿈이란 걸 깨달아 중단했지만, 『논어』에 대한 사랑만은 식지 않아 지금도 매일 한 구절씩은 반드시 읽는다. 일종의 중독이다.

고백하건대 오랜 옛 고전에서 오늘날의 정신을 발견한다는 그럴듯하고 번듯한 이유만은 부끄럽게도 꼭 아니다. 나는 세상살이에 퍽 서툴다. 물정에 어두운 데다, 둔하고 단순하다. 때문에 학문의 도정에서 종종 길을 잃고 헤매기도 하고 더러 턱없는 고집으로 곁의 사람들을 힘들게 하기도 했다. 그럴 때마다 서가에서 『논어』를 뽑아 읽었다. 『논어』는 내게 성찰의 힘점이다.

『논어』는 재바르지 못하고 겁이 많은 나의 도피처이기도 했다. 세상의 바람이 드세거나 내 마음의 파랑이 사나워질 때면 나는 번번이 현실에서 도망쳐 『논어』의 문을 열고 학단으로 찾아갔다. 그곳의 사람들은 따끔한 나무람을 아끼지도 않았지만, 마지막에는 언제나 나의 등을 꼭 안아주었다. 그렇게 한참 위로를 받고 나서야 나는 다시 힘을 내곤 했다. 내게 『논어』 읽기는 공부이기도 하지만 많은 경우 그 이상의 어떤 의미가 있다.

그러던 어느 날부터인지 『논어』 속의 사람들이 내게 말을 걸어오기 시작했다. 그들도 그들의 상처를, 혹은 남에게 말하기 어려운 속내를 푸념처럼 털어놓기 시작했다. 한 번은 학단을 찾아가자 부끄러움에 귀 끝까지 발갛게 상기된 염 선생님이 말씀하셨다. "젊은이 자네도 내가 계씨 어른의 사람이라고 생각하나? 평생을 함께한 당신 제자를 그렇게 모르시냔 말이야. 아니, 말이야 바른 말이지. 당신 진짓상에 마른 조기 쪼가리라도 올리려면 우선 우리라도 쬐끔 출세해야 하잖은가 말이야."

또 한번은 위령공의 늙은 왕비 남자南子께서 심술궂은 웃음을 띠고 능글맞게 말했다. "맞아. 나 욕망 할망구야. 그래서 그런지 인간들을 당최 믿질 못하겠다니까. 그런데 웃긴 게 말이야, 그 양반은 믿어지더란 말이지. 그렇다고 한자리 준다는 얘긴 아니고. 군자입네 하는 남정네들이란 멀리해도 안 되고 가까이해도 안 되는 거거든. 그냥 가끔씩 불러 여전히 그러고 사나 보는 거지. 뭐 존경하냐고? 이건 또 무슨 순진한 소린지 원."

처음에는 드문드문 한둘이더니 이윽고 거의 모든 사람들이 내게 말을 걸어오기 시작했다. 급기야 이젠 내가 위로를 받는 것이 아니라 도리어 그들의 말을 들어주거나 위로하는 때가 많아졌다. 그러다가 어느 날 이런 마음이 들었다. 이분들을 내가 사는 세상으로 초대하여 오늘날 사람들에게 소개해보면 어떨까. 그런 생각에 『논어』 속의 사람들을 한 사람 한 사람 찬찬히 들여다보기 시작했다.

거대한 봉건 제국 주나라는 BC 770년 무렵 왕실의 권위를 완전히 상실했다. 도읍은 낙양으로 옮겨지고 천자는 패자라고 불리는 몇몇 제후들의 꼭두각시가 되었다. 제후 역시 대부들에게 권력을 찬탈당하거나 시해되는 사건이 잦아졌다. 경제와 산업에서도 큰 변화가 일어 농업의 중요성이 부각 되었고 그에 따라 토지를 쟁탈하는 전쟁이 끊이지 않고 일어났다. 이른바 춘추시대이다.

제후와 대부들에게 오직 중요한 것은 부富와 그것을 거머쥐기 위한 권력이었다. 그들에게 도덕과 정의는 부와 권력의 방해물에 불과했다. 일개 노나라 대부로서 천자의 권위를 훔치고 천자에 버금가는 사치를 누린 삼가三家, 또는 계씨의 가신으로서 반역을 꿈꾸었던 양호의 무도함은 모든 것이 전도된 당시의 사회상을 집약적으로 보여준다.

공자는 BC551년에 태어났다. 혼란이 점점 심해지던 춘추 말기. 이 때를 살다 간 공자는 세상의 모순을 타개할 새로운 정치이상과 인간윤리를 고민하였다. 요순과 주공을 소환한 것도 이 때문이고, 인仁이나 군자君子와 같은 개념을 만든 것도 이 때문이고, 예禮와 효孝, 화和와 치恥 등의 가치들을 새삼 강조한 것도 이 때문이다. 그런데 이와 관련한 사유들은 공자가 어느 날 갑자기 혼자 뚝딱 완성시킨 것은 결코 아니다. 공자의 고민과 철학을 이해하기 위해 『논어』 속의 사람들을 주목해야 하는 이유가 여기에 있다.

하지만 짧은 문장에 이름만 나오는 사람들의 진면목을 만나

기란 생각만큼 쉽지 않았다. 논어 외에 진한 시대 주요 문헌을 거의 뒤져야 했다. 삼경과 『예기』, 『춘추』는 물론이고, 『가어』와 『설원』, 『전국책』과 『한시외전』 등을 비롯하여 『장자』 같은 제자서에 이르기까지 관련 문헌을 두루 살폈다. 또 한대에서 청대에 이르는 주요 주석서와 최술, 설응기 등의 연구서, 그리고 중국과 일본 및 서양에서 펴낸 근현대 저술들도 참고하려 노력하였다.

처음에는 원문과 출전을 하나하나 제시하고, 역사연표를 겸한 공자연보를 첨부하여 연구서처럼 원고를 작성하였다. 이 초고를 작성하는 데만 6, 7년 이상의 세월이 걸렸다. 그리고 바쁜 일정에 밀려 묵혀둔 것이 또 몇 년이다. 전체를 수습한 완성판은 뒷날을 기약하거니와 원고 정리를 마냥 미룰 수 없어 우선 간결하게 요약하여 경북대학교 인문교양총서 시리즈로 펴내고자 한다.

이 책은 모두 4부로 구성되어 있다. 1부는 고대 성왕과 현자를 만나보았다. 이들은 공자의 정신적 스승으로서 공자가 주창한 사유의 주요 국면들은 이들을 계승해 다듬은 것이다. 2부는 평생의 동반자로서 14인의 주요 제자를 만나보았다. 공자의 사유가 어떻게 제자들에게 계승되고 뒷날 동아시아에 어떠한 모습으로 영향을 미치게 되었는지 엿볼 수 있을 것이다. 3부는 동지와 라이벌로, 공자의 벗을 비롯하여 열국의 정치인과 사상가들을 만나보았다. 이들을 통해 춘추시대 다양한 인물들의 고민과 그를 대하는 공자의 인간적인 면모를 발견할 수 있을 것이다. 4부는 불편한 단련자들에 관한 이야기이다. 이들은 인륜을 저버린 그야말로 간인과 악인들인데, 이들을 통해서 공자를 더욱 깊고 다각적으로 이해하게 되리라 생각한다.

『논어』에는 200인 이상의 인물이 나오는데, 여기에 소개한 30인은 유난히 내게 말을 걸어오던 사람들이다. 한 분씩 한 사람씩 만나고 보니 이들 속에서 비로소 공자의 삶과 사유가 구체성과 생동감을 띠고 새로 보이기 시작했다. 『논어』 속에 이들이 있는 것이 아니라 이들 속에 『논어』가 있었다. 이제 이들을 소개하며, 독자들 역시 그런 즐거운 경험을 누리길 기대한다. 진정으로 사람들 속의 『논어』가 되길 기대한다.

원고를 작성한 동기가 지극히 개인적인 경험의 발로에서였듯 많은 문헌과 선행 연구를 참고했음에도 이 책은 오롯이 나의 시각에서 『논어』 속의 사람들을 소개한 것이다. 나의 『논어』 읽기에 관한 이력이 거의 여기에 담겨있다고 할 수 있거니와 동시에 상상과 억측도 없지 않다. 하지만 오히려 이 상상과 억측이 공자와 『논어』를 이해하는 새로운 실마리가 되길 희망한다. 독자들의 질타와 비판을 겸허히 기다린다.

검은 아기호랑이가 태어난 첫날

대학원동 연구실에서

목차

제3부 동지와 라이벌: 벗과 열국의 사상가

제4부 불편한 단련자: 간인과 악인

제1부

정신적 스승: 고대 성왕과 현자

소서小序

고대 동아시아 사상계에서 시간에 대한 태도는 크게 셋으로 나누어 볼 수 있다. 법가는 과거에 지극히 회의적이다. 흘러간 물에는 손을 씻을 수 없다는 태도이다. 반대로 노장은 예악과 법이 생기기 이전 시대로의 회귀를 부단히 갈망하였다. 그러나 그것은 원천적으로 좌절될 수밖에 없기에 피세避世와 초월을 꿈꾸었다.
이 둘의 사이 어디 즈음에 유가가 위치한다. 유가는 당대의 문제를 고민하면서 그 해결의 한 방법으로 고대 성왕과 현자들의 빛나는 성취를 존중하려 하였다. 공자가 유난히 존경했던 성왕과 현자는 많지만, 그 가운데 공자와 동아시아 문화를 이해하려 할 때 특히 중요한 인물 넷을 주목한다. 공자의 주요 사유와 철학의 원형을 이들에게서 발견하리라 기대한다.

1장 요堯

원시의 상제, 인仁과 중中의 화신

중원 역사의 첫 천자, 하늘과 짝하는 성인

고대 중원의 천자를 말할 때 흔히 삼황오제를 말하곤 하지만 복희씨니 신농씨니 하는 이야기는 뒷날에 만들어진 것이거나 특정 지방의 신화가 윤색되어 뒤늦게 권위를 획득한 것이다. 경서의 공식 기록에서 첫 천자로 등장하는 인물은 요堯이다. 『상서』尙書는 요의 이야기로 긴 역사의 첫 장을 열고 있다.

요堯라는 글자는 높이 쌓은 단兀 위에 다시 흙土을 겹겹이 쌓아놓은 모습을 본뜬 것이라고 단옥재段玉裁는 설명한다. 갑골문에는 꿇어앉은 사람이 두 개의 흙덩이를 이고 있는 모습으로 되어 있어 토지신의 형상으로 보는 설도 있다. 금문金文에는 두 사람이 흙덩이를 지고 있는 모습이다. 기원이 이러하기에 자연스레 '매우 높다'는 뜻을 가진다. 그 이름 방훈放勛도 '위대한 공훈'이라는 뜻이다.

요堯 자字의 다양한 모습		
갑골 甲骨		꿇어앉은 사람이 흙덩이 두 개를 이고 있는 모습
고문 古文		두 사람이 흙덩이를 지고 있는 모습
전서 篆書		단 위에 흙덩이를 쌓아놓은 모습

진한秦漢 시대 여러 문헌에 묘사된 요의 모습은 대체로 이렇다. 여덟 색깔의 눈썹에 황색의 모자를 쓰고 검은색의 옷을 입고서 흰 말이 끄는 붉은 마차를 탔다. 궁궐 지붕은 깎지 않은 이엉으로 얹었고 봉당은 세 층의 흙계단이다. 수레는 아무런 장식 없이 투박했으며 질그릇을 사용했다. 하늘처럼 인자하고 산처럼 지혜로워 천하의 모든 사람들이 그를 태양이나 봄비처럼 여겼다.

한마디로 요의 모습은 인간 세상에 내려온 원시의 상제이다. 사람들이 그를 태양이나 봄비처럼 여겼다는 말은 두 가지 의미를 지니고 있다. 하나는 요의 덕이 미치지 않는 곳이 없다는 뜻이고, 또 하나는 세상의 모든 생명들을 살려준다는 뜻이다. 온 세상에 널리 베풀고 모든 백성들을 구제한다는 박시제중博施濟衆인바, 홍익인간의 중화 버전이다.

박시제중은 공자가 말하는 인仁의 정치이다. 한번은 제자 자공이 공자에게 박시제중에 관해 물었는데, 공자는 '요순도 실천하기 힘들어하신 정치'라고 대답했다. 공자가 극찬한 박시제중은 그러나 인의 정치보다 더 고상한 어떤 정치가 아니다. 단지 그 궁극적 완성이라는 의미에 가깝다. 그것을 공자는 '거룩'聖이란 말로 찬미하였다.

생각해보면 태양이나 봄비와 같은 박시제중의 광범한 권능은 하늘이나 가능한 일이다. 결국 공자에게 인의 정치란 하늘의 일을 지상의 세계에 재현하는 것이고 요임금은 그것을 해낸 첫 성인聖人이다. 그래서 공자는 이렇게 찬미했다.

> 위대하다. 요임금이여. 저 높은 하늘이 오직 위대하거늘 요가 본받으셨다.
>
> 大哉堯之爲君也! 巍巍乎唯天爲大, 唯堯則之.

흙의 시대에 대한 기억과 향수

요堯라는 글자는 인류가 아직 흙의 품에 안겨 포근한 숨을 쌔근거리던 시절, 곧 인류사 구순기口脣期의 한 문화상징이다. 흙으로 왕궁을 짓고 흙으로 계단을 만들던 시대. 흙으로 제단을 쌓고 흙으로 질그릇을 빚던 시대. 많은 고전에 그려진 요임금의 태평성대는 흙의 문명 시대를 향한 집단적 향수이다. 어머니의 품에 대한 본능적 그리움이다.

군주와 귀족이 아직 금은과 보옥으로 사치를 부리지 않고, 계급 분화의 모순이 그다지 심각하지 않던 그때, 국가가 예악과 행정을 핑계로 백성의 노동력을 착취하기 이전, 조금 부족하나마 아쉬우면 아쉬운 대로 평등하게 나누어 먹던 시대. 그런 시대가 끝나자 그 시절을 향한 그리움은 오랜 시간을 두고 전승되었다.

그리움은 사라진 유토피아에 대한 공동의 향수를 자극한다. 자연스레 요의 시대는 이상 사회의 모습으로 기억되는 한편 요의 정치는 이후 모든 천자가 지향해야 할 이상적 표상이 되었다. 동아시아 특유의 상고주의尙古主義는 요로 표상되는 흙의 시대를 향한 그리움과 무관하지 않다.

모두가 행복했기에 행복이란 말이 없고, 온 세상이 태평했기에 태평이라는 말을 몰랐던 시절, 요堯는 그러한 세상의 한 상징이다. 따라서 요는 시절이기도 하고 나라이기도 하고 임금이기도 하다. 이런 시절의 평화와 안락을 무슨 말로 표현할 것인가. '사람들이 무어라 말로 형용할 수 없을 정도'民無能名焉라는 공자의 말은 바로 그런 의미를 담은 찬사이다.

윤집기중允執其中, 요의 중中과 공자의 중中

『논어』에는 요가 순에게 왕위를 넘겨줄 때 전해준 말이 실려 있다. '윤집기중'允執其中이라는 네 글자이다. 『상서』「대우모」에는 이 말이 16자로 늘어나 실려 있다. 이른바 십륙자비결이다.

> 사람의 마음은 위험하고, 도의 마음은 알기도 지키기도 어렵다. 오직 세심하게 살피고, 오직 온 마음을 다해 중을 잡아야 한다.
>
> 人心惟危, 道心惟微, 惟精惟一, 允執厥中.

요의 시대에 신유학에서 말하는 중中의 개념[1]이 이미 형성되어 있었다고 상상하기는 어렵다. 다만 '윤집기중'이라는 말이 맨 처음 실린 문헌이 『논어』라는 점을 생각한다면 이때의 중을 공자의 시중時中과 연결하여 생각해볼 수 있다. 처한 시대와 상황에 따라 무엇이 절실히 요구되는 것인지, 어떻게 해야 옳은지를 판단하고 선택한다는 뜻이다. 『논어』와 『중용』은 이렇게 이어진다.

군주에게도 중中은 매우 중요한 키워드이다. 군주로 하여금 그 나라와 그 시대에 꼭 맞는 정치가 무엇인지를 고민하도록 만드는

---

1 신유학에서 말하는 중中의 개념: 심성수양론으로서의 중화中和에 관한 이론을 말한다. 주자는 미발시未發時의 중中과 이발시已發時의 화和를 실현하기 위해, 미발시에는 존양의 공부를 이발시에는 성찰의 공부를 병행해야 한다고 하였다.

힘이 있다. 이 때문에 잘 살고 행복한 나라 건설을 꿈꾸는 군주에게 중中은 이상적 이념이 된다. 현실 정치에서 이를 실현하는 것이 윤집기중인바, 바로 인仁의 정치요 박시제중이다. 그 완성을 『대학』에서는 평천하平天下라고 한다.

요가 남긴 '윤집기중'이란 말에는 이처럼 『논어』, 『대학』, 『중용』의 요체가 오롯이 들어있다. 때문에 '윤집기중'은 이후 전근대적 왕조시대가 끝날 때까지 동아시아 각국에서 군주는 물론이고 학자에 이르기까지 절대적 가치로 존숭되었다. 때로 후대에 위조된 말이 아닐까 의심받기도 했지만 중中의 의미가 지니는 상징성과 위상에 대해서만큼은 어느 누구도 이의를 제기하지 않았다.

그도 그럴밖에. 낡은 고경古經이 사라진 유토피아로 돌아갈 수 있는 길을 표시한 희미한 지도라면, 중中은 그 지도 위에 요堯의 이름으로 남겨진 둘도 없는 키워드가 아닌가. 인仁의 정치를 외친 공자는 그 키워드를 읽어낸 첫 판독자이다.

2장 순舜

효의 원조, 무위無爲의 군주

몰락한 귀족의 어린 소년 가장

순은 전욱顓頊의 후손으로 매우 미천한 사람이었다고 한다. 몰락한 가문의 떨거지란 뜻이다. 맹자는 순을 '동이 사람'東夷之人이라고 하였는데, 역시 변두리 촌놈이라는 뜻이다. 볼 것 없는 시골구석의 몰락한 귀족 떨거지. 순의 정체성이다.

순임금

아버지 고수瞽叟는 맹인이라 전해진다. 그런데 여러 문헌에 전하는 기록을 볼 때 순의 아버지가 정말로 앞을 못 보는 맹인이었는지는 의문이다. 분명한 것은 고수가 경제적으로나 사회적으로나 가장 밑바닥 계층의 사람이었다는 점이다. 결혼 생활은 순탄치 못했고 집안에는 아동학대와 가정폭력이 일상적으로 자행되었다.

고수의 폭행에 관한 전설은 수백 수천 년 뒤 전국시대 사람들에게도 회자될 정도로 반윤리적인 것이었다. 예를 들면 순에게 낡은 창고를 수리하라고 지붕에 올려 보낸 다음 사다리를 치우고 불을 질렀다는 이야기도 있고, 마당에 우물을 파라고 시키고는 흙을 덮어 생매장시키시려 했다는 이야기도 있다. 폭력은 단순 학대를 훨씬 넘는 것이었다.

게다가 순은 어린 나이부터 생활 전선에 뛰어들어야 했다. 소년 가장으로서 역산歷山에서 농사를 짓기도 하고 뇌택雷澤에서 물고기를 잡기도 하였으며 하빈河濱에서 도자기를 굽기도 했다. 오늘날 상상할 수 있는 거의 모든 학대와 착취를 순은 어린 시절부터 줄곧 견뎌내야 했다. 이런 여러 정황을 감안할 때 고수는 진짜 맹인이라기보다 인간 사회의 보편적 윤리에 눈감고 사는 악인임을 은유적으로 드러낸 이름이었다고 보인다.

동아시아 효孝 문화의 원조

순은 평범한 사람이 아니었다. 고수가 맹인이었다고 전해지는 데에 반해 순은 좌우로 둘씩 네 개의 눈동자를 가졌다고 한다. 이를 중동重瞳이라 한다. 고수가 가지지 못한 눈까지 순이 가졌다는 뜻일까. 비범한 외모만큼 성품도 일반 사람들과 완전히 달라, 믿기지 않을 정도의 순수한 효성으로 독하고 못된 부모와 의붓동생을 감동시켰다.

순의 일화는 대개가 순수한 효에 관한 것이다. 미천하기 짝이 없던 순이 요에게 발탁된 것도 순전히 저 효의 힘이다. 그래서 순을 두고 대효大孝라고 한다. 공자는 과하다 싶을 정도로 효를 강조했는데, 여기에는 아버지 없이 유년 시절을 보낸 자신의 개인적 아픔도 적잖이 영향을 미쳤을 것이라 짐작된다. 하지만 근본적으로는 세상의 대체적인 윤리가 부모와 자식 간의 사랑과 믿음에 기반하고 있다고 생각하였다. 효란 결국 부모에 대한 사랑과 믿음이 아니던가.

학단의 제자 유자有子가 효에 대해 '인仁을 실천하는 근본'爲仁之本이라고 정의를 내린 이래 효는 동양 사유의 주춧돌을 이루는 개념 가운데 하나가 되었다. 효의 위상은 실로 대단하여 유교가 권위를 유지하던 19세기 말까지 충과 효가 충돌할 경우 당연히 효가 우선시될 정도였다. 그 문화의 시원에 순舜이 있다.

방패와 깃을 들고 춤을 추는 무당

순舜이라는 글자는 원래 '탁월하고 걸출한 인물'을 뜻한다고 한다. 요가 거룩함高의 표상이라면 순은 위대함大의 표상이다. 『논어』에는 공자가 순을 칭송한 말이 7회 나온다. 요와 병칭된 것이 4회이고 순전히 혼자 거론된 것이 3회이다. 주요 제자 몇을 제외하고 공자의 입에서 이만큼이나 자주 오른 이름은 많지 않다.

요가 훍의 시대를 상징하는 기호라면 순은 제정일치祭政一致 시대를 상징하는 기호이다. 군주 노릇을 하는 제사장이 순舜이었다는 뜻인데, 「대우모」에는 그 모습을 이렇게 묘사하고 있다.

순이 문덕文德을 펴 방패와 깃을 들고 춤舞을 추자 70일 만에 묘족이 항복하였다.

帝乃誕敷文德, 舞干羽于兩階, 七旬有苗格.

방패와 깃을 들고 간무干舞와 우무羽舞를 추는 순. 이는 종교의식의 도구를 들고 춤을 추는 무축巫祝의 모습 그대로이다. 여기에 순의 진면목이 포착되어 있다. 전쟁을 통한 잔인한 학살이 아니라 노래와 춤을 통해 천지신명과 교감하고 사람들과 소통하는 것이 순임금의 정치이었다. 간무와 우무는 그 문덕의 실체적 증거이다. 젊은 시절 공자가 제나라에서 순임금의 음악을 듣고 감동하여 몇 개월 동안이나 정신을 차리지 못했던 것은 그 때문이다.

순임금의 음악은 지극히 아름답고 또 지극히 선하도다!

子謂韶, "盡美矣, 又盡善也."

요堯의 시대와 순舜의 시대

고대 이상 사회를 가리켜 흔히 요순시대라고 하지만, 그러나 요와 순의 시대는 약간 다르다. 요의 시대에는 국가의 힘이 개인의 삶에 그다지 간섭하지 못했다. 저마다 생업에 충실하여 살면 그뿐 도덕도 권력도 무의미했다. 이러한 정치가 무위無爲라는 이름으로 개념화되어 동아시아 정치의 이상적 모델로 상정되었다는 점에서는 의의가 크지만, 그래서 실제로 어떠한 모습이었던가는 참으로 모호하다. 요를 기록한 선진시대 문헌 그 어디에도 요의 정치가 어떠한 방식으로 무엇을 이루었는지 기술한 곳은 없다.

그에 비해 순의 시대는 사뭇 다르다. 순의 시대는 국가의 기본 요건들이 차차 갖추어져 나가는 모습이 한눈에 선하다. 국가 경영을 위해 필수적으로 요구되는 윤리와 덕목이 다듬어졌고, 교육과 농업 및 형법과 행정 등 직무에 따라 부서가 나누어졌다. 국토를 경영하기 위한 계획이 수립되었으며, 벼슬아치들의 고과 평정 방법이 명확히 제시되었다. 무엇보다 천문학 기술의 발달로 하늘의 운행이 인간의 시간 단위로 재구성되었다.

「순전」과 「대우모」에는 위에 나열한 여러 내용들이 장엄하고 웅대한 문체로 기술되어 있다. 요의 시대의 정치가 그저 '큰 덕을 밝혔다'克明俊德와 같은 추상적이고 모호한 표현으로 일관한다는 것을 생각할 때, 순의 정치는 요의 시대와 그 속살이 근본적으로 다르다. 박시제중의 정치는 순의 시대에 와서야 비로소 그 모습을 드러내기 시작한다.

무위無爲의 정치와 불기군자不器君子

요와 순의 정치는 무위의 정치로 일컬어진다. 무엇이 무위인지 한마디로 정의하기 어렵지만, 그러나 요임금처럼 '큰 덕을 밝힌다'는 허울 좋은 말만 내걸면 정말로 평천하의 이상이 절로 이루어지는 것일까. 아니 상식적으로 가능이나 한 이야기인가. 무위의 정치가 참으로 그러한 것이라면 동아시아 고대 정치의 이상은 너무나 우스꽝스럽다고 하겠다.

요의 정치를 알 수 없는 지금으로선 무위의 참뜻을 알기 위해 다시 순의 정치를 눈여겨볼 필요가 있다. 순은 경제와 국방, 교육과 법률과 같은 제반 국정을 자신이 일일이 관여하지 않았다. 대신 해당 분야의 적임자를 가려 그들에게 일임하는 방식을 택했다. 이것이 무위의 정치요, 동아시아가 꿈꾼 이상 정치를 모범적으로 보여준 첫 사례이다.

이러한 순의 정치를 두고 공자는 '그저 몸가짐을 공손하게 유지한 채 남쪽을 향해 앉아 계셨을 뿐'恭己正南面而已이라고 묘사하였다. 이는 정말로 아무것도 하지 않았다는 뜻이 아니라 적임자를 믿고 일임하는 순의 정치를 특징적으로 짚어낸 말이다. '큰 덕을 밝힌다'는 요의 정치도 이 말을 제대로 이해할 때 비로소 분명해진다. 임금은 이상적인 건국이념과 윤리를 확립하고 각 분야 정치의 실제 시행은 담당 대신들이 주관한다는 뜻이다.

공자는 위정자[2]의 이상적 요건을 불기군자不器君子(→63면 참조)로 상정한 바 있다. 또 제자들이 읍재邑宰[3]를 맡아 나갈 때면 번번

---

2 위정자爲政者: 정치를 하는 사람이라는 뜻이다. 다만 계급적 성격이 짙은 용어라는 점에서 누구나 정치에 참여할 수 있는 오늘날의 '정치인'이라는 말과는 약간 다르다. 제후, 대부, 관료를 포함한다.

3 읍재邑宰: 고을을 다스리는 수령이다. 오늘날의 시장이나 군수와 비슷하지만, 춘추시대에는 주로 대부가에 속한 봉읍을 다스리는 수령을 말한다. 대부가의 내정을 맡는 가재家宰와도 약간 다르다.

이 실무는 유사有司(담당자)에게 맡길 것을 당부하곤 하였다. 위정자는 그 자신 불기不器의 전덕全德을 지향하고 실무는 해당 분야의 전문가에 맡길 줄 아는 안목과 리더십이 있어야 한다는 것이 공자의 생각이다. 그 사유의 원형태를 나는 순의 무위 정치에서 찾는다.

섭정攝政과 선양禪讓의 전통

『논어』에서 순과 관련하여 살펴보아야 할 또 하나의 지점이 있다면 섭정과 선양이다. 순이 요를 이어 왕위에 오른 방식은 섭정이었다. 군주가 몸소 국정을 돌볼 수 없을 때 누군가가 대신하여 나라를 다스리는 정치 방식이다. 요는 자신이 늙어 더 이상 정무를 볼 수 없게 되자 어전회의에서 순을 등용하여 이러한 형태의 정치를 처음으로 선보였다. 『상서』에 기술된 순의 업적 대부분은 사실 섭정 기간에 이룬 것이다.

순이 섭정한 지 28년이 되던 해, 요가 눈을 감았다. 천자의 자리는 요의 아들이 아니라 순에게 계승되었다. 그 과정에 세력 간의 충돌은 없었고 선양 과정은 평화로웠다고 한다. 혈통보다 덕과 능력의 소유자를 중시하여 물려준 이러한 왕위 계승 방식을 선양禪讓이라고 한다.

섭정자는 만장일치 형태의 추대로 정해졌지만, 섭정자가 반드시 후계자는 아니었다. 선양의 의식이 필요했다. 요는 자신의 아들 대신 순에게 왕위를 선양하였다. 그리고 천하 사람들 앞에 공표하였다.

> 아, 순이여! 하늘의 시간과 법칙이 이제 너의 몸에 있다.
>
> 咨爾舜! 天之曆數在爾躬.

그러나 요가 눈을 감자 순은 모든 것을 내려놓고 나라를 떠났다. 조정에서 만장일치로 추대되었고 요에게 공식적으로 선양 받았음에도 불구하고 그 자신 요의 후계자로 자처하지 않았다. 놀라운 일은 바로 그 순간 일어났다. 모든 백성들이 고난을 마다하지 않고 순을 좇아 먼 길을 따라나선 것이다. 순의 나라는 이렇게 새로운 곳에 세워졌다.

3장 우禹

반역자의 아들, 일하는 사람들의 성인

반역자의 아들에서 천자로

우禹는 곤鯀의 아들이다. 요의 시대에 대홍수가 발생해 천하를 뒤덮자 요가 곤을 등용하여 다스리게 하였다. 하지만 곤은 9년이나 되는 긴 세월 동안 물 다스리는 법을 완성하지 못하였다. 마침내 요는 곤을 4대 반역자의 한 사람으로 지목하여 추방하였고, 순이 요의 대리자로서 우산羽山에서 곤을 처형하였다.

기구하게도 우는 자신의 아버지를 처형한 순에게 등용되어 치

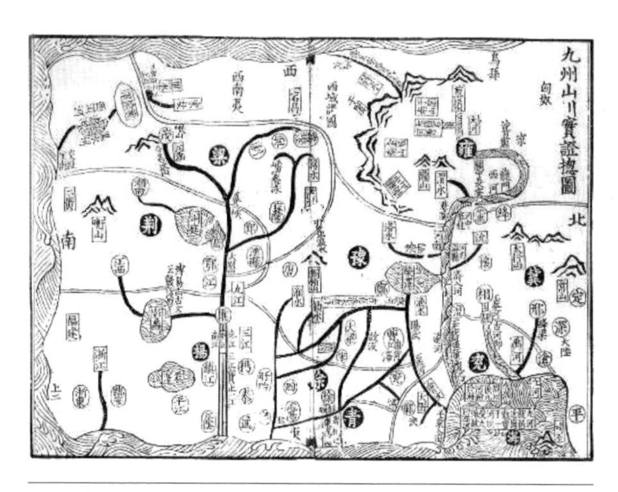

구주산천실증총도

수治水사업을 계속하였다. 우는 아버지의 불명예를 씻고자 죽을힘을 다하였다. 온 산하를 누비느라 자기 집 대문 앞을 지나치면서도 들어가지 못했다는 『사기』의 진술은 우의 결심이 어떠한 것이었는지를 말해준다. 그렇게 이루어진 미증유의 대역사는 중원 전역을 대상으로 한 천하경영의 첫 사례이다. 이른바 우공禹貢이다.

순은 그 공을 높이 사 마침내 우에게 나랏일을 맡겨 섭정하게 하였으며, 하늘에 우를 천거하여 후계자로 지목하였다. 재미있게도 순이 눈을 감자 우 역시 후계자 자리를 팽개치고 멀리 양성陽城이란 곳으로 떠났다. 이번에도 모든 제후들과 백성들이 순의 아들이 아니라 우를 따라 양성으로 왔다. 요와 순 사이의 위대한 선양이 재현된 것이다.

평생을 들판에서 고생한 탓인지 우는 오래 살지 못했다. 왕위에 오른 지 겨우 10년 만에 숨을 거두었는데, 눈을 감기 전 우는 왕위를 익益에게 넘겨주었다. 익 역시 왕위를 사양하고 기산箕山 아래로 갔다. 선양의 거룩한 전례가 또 한 번 이루어지는가 싶었으나, 이번에는 사람들이 우의 아들 계啓에게 마음을 주었다. 왕위가 혈통으로 세습되기 시작한 것은 이때부터라고 한다.

무위無爲의 정치와 유위有爲의 정치

왕위가 우의 아들 계啓에게 넘어간 이후, 이 사건은 오랜 세월을 두고 사람들의 입방아에 올랐다. 우에 와서 그 덕이 요나 순만 못해져 천자의 지위가 성인에게 전해지지 않고 아들에게 전해졌다는 것이다. 어찌 되었던 군신 간에 힘의 균형이 유지되던 시대는 끝났다. 긴 공화의 시대가 막을 내렸다.

우의 덕이 정말로 요순만 못한지 어떤지는 이 책의 관심 영역 밖이다. 다만 세 임금을 나란히 놓고 본다면 우의 정치가 요순의 정치와 그 성격이며 색깔이 전혀 다른 것만은 분명하다. 요와 순의 정치가 무위라면 우의 정치는 아무래도 유위有爲의 정치라고 해야 하기 때문이다.

그렇다면 유위의 정치는 무위의 정치보다 못한 것인가. 그것은 꼭 그렇게 말하기 어렵다. 우는 좋은 정치의 세 덕목으로 정덕正德, 이용利用, 후생厚生를 내세웠다. 정덕은 통치이념과 국정방향 정립, 이용은 산업과 기술 진작, 후생은 보건복지와 민생안정 정도로 정리할 수 있다. 이 셋을 굳이 나누어 연결해보자면, 요와 순의 정치는 정덕에 방점이 있고 우의 정치는 이용과 후생에 방점이 있다.

우가 황하를 정비할 때 등에 그림무늬를 지고 출현했다는 낙수洛水의 거북도 그것이 신성하고 상서로운 징후와 관련된 무엇이라기보다 수학과 관련된 모종의 은유요 상징이다. 대규모 하천 정비를 위해 필요한 토지측량과 관련된 실용 기술이나 수학적 지식을 간추려 담은 공식이 하도낙서河圖洛書라는 말이다. 우의 사업들은 이처럼 매우 실질적인 것들이었는데, 이것이 민생에 기여한 공로는 짧은 말로 기술하기 어려울 정도이다. 이것이 우의 유위有爲이다.

물의 도道는 곧 백성의 도

우의 정치는 한마디로 물을 다스린 정치였다. 우공과 황하 정비의 대사업은 사실 그 시작과 끝이 모두 물길 관리였다. 하지만 곤의 실패에서 알 수 있듯이 물 다스리기는 여간 어려운 게 아니다. 그것을 짐작케 하는 일화가 『맹자』에 실려 있다. 전국시대에도 홍수가 나 천하에 물이 범람한 적이 있었는데, 그때 단丹이라는 자가 물길을 틔워 위급 상황을 모면했다.

하지만 단이 물을 다스린 방법은 자기 고장의 물길을 이웃 고장으로 돌린 일종의 잔꾀였다. 제가 살던 고장은 우선 홍수가 해소되었을지 몰라도 이웃한 고장은 생각지도 못한 대재앙을 만났다. 많은 사람들이 느닷없는 물난리로 삶의 터전을 잃거나 익사하였다. 결국 단이 한 것은 물을 다스린 것이 아니라 잔인무도한 학살행위에 다름 아니다.

그럼에도 단은 자신의 능력을 대단하다고 여겨 물을 다스리는 솜씨가 우임금보다 낫다고 으스댔다. 보다 못한 맹자는 그런 그에게 한마디 했다.

> 우임금이 물을 다스린 방법은 물의 도道를 따른 것이다.
>
> 禹之治水, 水之道也.

물의 도를 따르는 치수治水란 사람을 죽이는 물 다스리기가 아니라 사람을 살리는 물 다스리기다. 이렇게 볼 때 물의 도道를 따랐다는 우의 정치에는 '민심을 따라 백성을 살린 정치'라는 의미가 포함되어 있다. 물이란 백성이다. 백성들의 말을 무조건 억눌러 막아서도 안 되고, 특정 계층이나 특정 지역의 요구를 핑계로 엉뚱한 사람들을 죽이는 정치를 해서도 안 된다. 우禹의 치수 사업에 담겨있는 또 하나의 의미를 이렇게 읽는다.

일하는 사람들의 성인聖人

우가 민심을 따르는 정치를 할 수 있었던 것은 그가 언제나 백성들 가운데 있었기 때문이다. 길고 험난한 대역사의 장정에서 우는 그저 명령만 내리는 지도자가 아니었다. 한없이 인자한 얼굴로 구중궁궐에 앉아 고상한 가르침을 하사하는 거룩한 성인이 아니었다. 낮은 땅에 온몸을 내던진 현장의 일꾼이었다.

우는 굵게 마디진 손으로 몸소 삽을 잡았다. 무겁고 투박한 나막신을 신고서 바위산과 진흙땅을 누비며, 땀으로 범벅이 된 몸으로 일하는 사람들 속에서 그들과 함께 거친 숨을 몰아쉬었다. 얼굴은 볕에 그을려 검었고, 옷은 흙먼지를 뒤집어써 누렇게 변했다. 풍찬노숙의 이 고단한 생활은 일회적인 쇼가 아니었다. 대역사가 완공되는 마지막 날까지 우는 가족과의 단란한 행복도 권력자의 사치도 모두 마다하고 오직 일하는 사람들 틈에 있었다.

> 우임금만은 내가 도저히 입을 댈 수 없다. 곤룡포는 화려했지만 일상복은 거칠었으며, 치수 사업에는 온 힘을 쏟

으셨지만 정작 당신의 집은 누추하였다.

禹, 吾無間然矣. 惡衣服而致美乎黻冕, 卑宮室而盡力乎溝洫.

우임금을 향한 공자의 탄복이다. 우가 처음부터 끝까지 현장 속의 성인으로서 일하는 사람의 검소함을 잊지 않았음을 보여주는 말인데, 뒷날 묵가墨家가 그들의 정신적 스승을 우로 상정한 것은 이 때문이다. 우는 일하는 사람들의 성인이다.

삽을 들고 있는 우임금

4장 주공周公

무왕의 아우, 건국의 완성자

무왕의 아우, 금 글씨에 담은 진심

주공

공자가 평생 그리워한 사람이 있다. 주나라 건국의 조력자요 완성자인 주공이다. 얼마나 애타게 그렸던지 공자는 거의 날마다 꿈에서 주공을 뵈었다. 하지만 나이가 먹은 뒤 주공이 더 이상 꿈에 나타나지 않게 되자, 공자는 노쇠해버린 자신의 기력을 자책할 정도였다. 공자는 주나라 문명의 후계자임을 자처했다. 그런 공자가 한없이 존경하고 그리워한 인물이 문왕이나 무왕이 아니라 주공이라니. 도대체 주공이 어떤 분이기에 공자가 그토록 찾았던 것일까.

주공의 이름은 단旦, 문왕의 셋째 아들이자 무왕의 아우이다. 주공은 주나라 건국 이전까지 문헌에 이름이 보이지 않는다. 따라서 유년기에서 청년기에 이르는 행적은 알려져 있지 않다. 그러다가 건국의 대업이 완성되어갈 무렵, 무왕의 명을 받아 낙읍洛邑을 경영하는 인물로 홀연 역사의 전면에 등장한다.

「소고」召誥와 「낙고」洛誥에 남은 기록으로 볼 때 주공은 형 무왕에게 가장 믿음직한 동지요 최고의 조력자였던 것으로 짐작된다. 천하 통일의 위업을 이룬 뒤, 긴 전쟁에 지친 형 무왕은 그만 자리에 누웠다. 주공은 형의 생사와 주나라의 운명이 걱정되었다. 막 세워진 주나라는 아직 안정을 찾지 못하였고, 은나라 백성들은 왕국의 재건을 은밀히 도모하고 있던 터였다.

간신히 이룩한 혁명이 어이없이 무너질까 속이 탄 주공은 왕실의 조상 영령들에게 형 대신 자신의 목숨을 데려가 달라고 애걸하듯 기도하였다. 그리고 간절한 그 기도를 옥돌에 금글씨로 정성스레 새겨, 금궤에 넣고 금실로 단단히 묶어 보관하였다. 감동적인 우애의 이 축책문祝冊文에 관한 이야기는 「금등」金縢에 상세히 실려 전한다. 하지만 주공의 기도에도 불구하고 무왕은 세상을 떠나고 말았다.

어린 성왕成王의 숙부, 건국의 완성자

주공은 형을 도와 주나라 건국에 혁혁한 공을 세웠지만 정작 나라를 받지 못하였다. 그 뒤 가까스로 강태공이 받은 제齊나라 땅의 일부를 할양받아 곡부曲阜에 봉해졌다. 그 나라가 바로 노魯나라이다. 하지만 자신의 나라에 내려가지 못하고 낙읍에 남아 무왕을 도와야 했는데, 건국 초기의 불안함을 수습하기 위해 형제의 도움이 절실했기 때문이다. 그런 와중에 그만 무왕이 눈을 감은 것이다.

뜻밖에도 무왕의 죽음은 주공이란 사람의 크기를 드러냈다. 무왕의 뒤를 이어 등극한 성왕이 겨우 11세의 어린 왕이었기에 천자의 자리를 노리는 숙부들 사이에 일대 혈투가 벌어졌다. 하지만 주공은 형 무왕의 유언을 지켜 끝까지 어린 성왕을 보호하였다. 철모르는 어린 조카를 죽이고 왕권을 찬탈한 패륜의 어떤 숙부와는 근본적으로 달랐다.

주공은 몸소 국정의 모든 것을 하나하나 손보아 마침내 틀이 잡힌 주나라를 성왕에게 온전히 돌려주었다. 그날의 역사가 「무일」無逸과 「군석」君奭에 남아 수천 년을 넘어 지금까지도 생생한 감동을 전한다. 제갈량의 「출사표」出師表가 천하 명문장으로 일컬어지지만, 철부지 어린 군주를 향한 자상한 충정과 의리의 원류는 실로 주공에게서 찾을 수 있다.

결국 혁명의 기치를 세우고 출정하던 전반부를 제외하면 「주서」周書의 주요 부분이 거의 주공의 활동과 치적을 서술한 내용이다. 「주서」의 주인공은 사실 문왕이나 무왕이 아니라 주공이라 하겠다. 요컨대 문왕과 무왕이 창업 군주라면, 주공은 아버지와 형의 나라를 완성시킨 건국의 완성자다. 주공 없는 문왕과 무왕은 상상할 수 없다.

섭정의 재현, 요·순·우를 이은 성인

요·순·우로 이어지는 시대가 오랫동안 성세로 칭송받은 데에는 섭정과 선양의 힘이 크다. 이 전통은 다소 변형되어 주공에 의해 새로운 모습으로 재현되었다. 어린 성왕을 대신해 주공 스스로 대리자가 되어 섭정하였으며, 섭정을 마친 다음 자신은 조용히 물러났다. 요·순·우 시대의 대리와 섭정을 주나라 현실에 맞추어 계승한 것이다.

왕위의 세자 승계 방식은 때로 국가를 치명적인 위험에 빠뜨린다. 세자가 너무 어리거나 자격 미달인 경우가 있기 때문이다. 그 단점을 보완할 대안으로 섭정은 매우 유용하다. 다만 조건이 있었다. 섭정자의 인성과 자질이다. 섭정자는 왕의 조력자이기도 하지만 가장 강력한 위협자이기도 한 때문이다. 섭정기의 주공이 끊임없이 의심과 견제를 받았던 것도 그러한 이유였다. 이런 측면에서 주공은 섭정의 문화에 새로운 하나의 모범을 선보인 셈이다.

공자의 시대에 삼환三桓[4], 그중에서 특히 계씨季氏 일가의 힘은 막강했다. 삼환은 모두 노나라 공실公室[5]의 혈족이었다. 따라서 노나라 임금이 어리거나 무능하다면 그들이 노나라 임금을 대신해 국정을 수행할 수 있다. 그것을 무조건 무도한 행위라 비난할 수

---

4 삼환三桓: 노 나라 환공桓公의 네 아들 중 맏이는 장공莊公이 되었고, 나머지 세 아들이 맹손씨, 숙손씨, 계손씨가 되었는데 이들을 삼환이라 한다. 노나라를 좌지우지한 세 대부의 가문이란 뜻에서 흔히 삼가三家라고도 한다.

5 공실公室: 제후국의 임금을 공公이라 하고, 그 혈족을 공실이라 한다. 참고로 대부가의 가주家主는 백伯이나 자子라고 한다. 맹무백, 계강자 등이 그들이다.

없다. 주공의 선례처럼 계씨가의 정치 역시 대리 섭정의 한 형태가 될 수 있기 때문이다. 문제는 관여 방식과 공실을 대하는 태도이다.

계씨를 비롯한 삼환은 노골적으로 노나라 공실을 우롱했고, 국정을 농단했다. 임금을 겁박하여 허수아비로 만들고 국가의 재화를 독점하였으며, 주제넘게 태산에 제사를 지내는 것도 모자라 천자의 묘정에서나 쓸 수 있는 의례를 자신들 사가私家의 조정에서 거리낌 없이 사용하였다. 이것은 군주를 능멸하고 권력을 가로챈 무도한 반역일 뿐 결코 대리나 섭정이 아니다.

좀처럼 안정과 번영을 구가하지 못하고 열강들 사이에서 이리저리 휘둘리던 노나라의 사정을 생각해보면, 또 정공의 아들로서 겨우 네 살에 임금 자리에 올라 평생을 두려움에 떨었던 애공을 생각해보면, 왜 공자가 그토록 삼환을 질타하며 애타게 주공을 찾았는지 조금은 알 수 있다. 공자의 눈에 주공은 요·순·우를 이은 성인이고, 계씨가를 비롯한 삼환은 그 겉모습만을 빌어온 도적일 뿐이다.

제2부

평생의 동반자:
14인의 주요 제자

소서小序

동아시아에서는 벗을 숭상하는 문화가 유난하여 우정에 관한 이야기가 사랑 이야기보다 훨씬 많다. 그 중요한 연원으로 나는 공자 학단을 주목한다. 『논어』의 첫 장은 배우며 성장하는 개인과 그러한 기쁨을 아는 벗들 간의 인간적 유대에서 오는 즐거움을 말한다. 시대의 모순에 굴하지 않고 또 세상의 잣대에 연연하지 않고 묵묵히 새 세상을 만들어간 사람들의 무수한 감동적인 이야기를 담은 책이 『논어』임을 첫 장의 세 문장이 웅변한다.

선진시대 다른 제자서들과 비교해 가장 두드러지는 『논어』의 특징을 꼽으라면 나는 등장인물이라 말하고 싶다. 『논어』에는 무수한 제자들이 등장한다. 이들은 고립적인 점으로 존재하는 것이 아니라 매우 복잡한 선으로 얽힌 관계망을 형성하고 있다. 『논어』는 공자의 이야기가 아니라 그들의 이야기이다. 그들 속에서 공자는 비로소 실존적 존재로서 살아있다.

5장 안연顔淵

가난한 수제자, 독서선비의 원형

빈민가 출신의 바보천재

안연

이름은 회回, 자는 자연子淵이다. 이름과 자 때문에 학자들은 안연의 집 앞에 물이 휘감아 돌아가는 연못이 있었을 것이라 추정하는데, 안연은 그의 이름대로 공자의 모든 것을 담아 학문의 깊은 연못을 이룬 제자이다.

안연은 출신이 매우 한미하였고 지독히도 가난했다. 그가 나고 자란 마을 누항陋巷은 '누추한 거리'라는 뜻인데, 요즘으로 말하면 빈민굴 또는 달동네와 같은 곳이다. 누항 출신의 안연이 학단의 일원이 될 수 있었던 것은 학단이 '출신과 계급을 가리지 않고 가르친다'有教無類는 남다른 교육철학으로 운영되고 있었기 때문이다.

학단에 들어온 안연은 단연 눈에 띄었다. 천재들이 흔히 지닌 경박함이 안연에게는 없었고, 우직한 데다 품도 넓었다. 비범한 자질을 지닌 이 제자에게는 젊은 날 한 번쯤 가지기 마련인 반항심도, 그에서 유발되는 치기 어린 회의도 없었다. 그저 스승의 말을 순순히 받아들기만 할 뿐이었다. 그래서 공자는 바보가 아닐까 의심하기도 하였다.

유심히 살펴보니 안연은 바보가 아니었다. 아니 놀라운 인물이었다. 하나를 들으면 열을 아는 명민함에다 똑같은 실수를 거듭 저지르지 않는 철저한 자기반성, 엉뚱한 곳에 화를 옮기지 않는 이성적 사고, 치밀하게 계획하고 완벽히 성사시키는 주도면밀함과 결단력, 게다가 지칠 줄 모르는 배움에의 열망에다 수줍은 겸손함까지.

완벽하다 못해 숨이 턱 막힌다. 그래서 자공에게 '오여여불여야吾與女弗如也'라고 한 공자의 말을 청나라 고증학자들은 "자공아. 나와 네가 모두 안연만 못하다."라고 해석하였다. 안연 그는 참으로 바보천재였다. 어떠한 내색도 없이, 단 한 순간의 멈춤도 없이 우직하게 나아갔던 바보천재.

학단의 수제자

어떠한 경우에도 냉정하게 이성을 유지하는 과묵한 완벽주의자. 공자는 다소 부담스러워 보이기도 하는 이 제자를 몹시도 사랑하여 자신의 수제자로 확실히 지목했다. 자신의 모든 것을 계승할 이 애제자에 대해 학단에 나오던 처음부터 주목하고 기대하였으며, 그의 가난에 대해 매우 안타까워하였다. "안회는 아마 어진 사람이 되겠지. 그렇지만 늘 굶는다니 원…."

공자에 대한 안연의 존경과 애정도 대단한 것이었다. 안연은 늘 공자를 따라다니며, 학문은 물론이요 일상의 모든 행동을 배우고 그것을 자신의 것으로 만들려고 노력하였다. 안연에게 공자는 단순한 스승이 아니라 하늘이고 세상 전부였다.

> 우러러볼수록 더욱 높고, 뚫을수록 더욱 견고하도다. 바라보면 앞에 계시는 듯하더니 홀연히 뒤에 계시는구나.
>
> 仰之彌高, 鑽之彌堅. 瞻之在前, 忽焉在後.

이른바 미고彌高의 탄식이다. 오르려 애써본 사람만이 높이를 가늠하고, 뚫으려 노력해본 사람만이 견고함을 알 수 있는 법. 안연이 공자를 얼마나 존경하고 또 배우려 노력했는지가 이 한 마디 고백에 여실히 드러나 있다. 이 깊은 학문적 유대는 그대로 인간적 유대로 이어졌는데, 그것은 부자간의 혈친적 친밀감에 비할 만한 것이었다.

늙은 스승의 통곡

안연은 오래 살지 못했다. 심각한 영양실조가 원인이었을까. 그러한 요인도 완전히 배제하지 못하겠지만, 기형적이리만큼 과도한 그 학문적 열정이 자신을 완전히 소진시켰는지도 모른다. 이 애제자가 세상을 떠났을 때 늙은 스승은 목 놓아 통곡했다. 아들을 잃었을 때에도 하지 않았던 평생의 첫 통곡이다.

주나라 문명을 재현하려던 모든 시도가 좌절당했고, 평생 구체적으로 이룬 것이라곤 하나도 없었던 공자. 자신을 천도天道의 계승자로 자임하며 어떻게든 후세에 천도를 전하려 안간힘을 썼던 공자. 사랑하는 아들을 앞세워 보내고 마지막 희망의 끈인 안연마저 세상을 떠났을 때, 늙은 스승은 자신의 모든 것이 툭! 끊어지는 소리를 듣지는 않았을까. 통곡 밖에 무엇이 더 있을까.

제자들은 어쩔 줄 몰랐다. 자기 절제가 철저했던 스승이 슬픔에 몸을 가누지 못하고 있었고, 그런 모습은 제자들을 다급하게 만들었다. 당황한 제자들은 어떻게든 스승을 진정시켜야 했고, 지나치게 슬퍼하시는 게 아니냐며 황급히 말렸다. 그러나 공자의 귀에는 제자들의 말이 들리지 않았다.

> 아! 하늘이 나를 버리셨구나. 하늘이 나를 버리셨구나.
>
> 噫! 天喪予, 天喪予.

안연이 죽은 후 공자는 그 많은 뛰어난 제자들을 슬하에 두고

도 '배우기를 좋아하는 사람은 이제 없노라' 선언하였다. 그리고 두어 해 뒤 자신도 눈을 감았다.

정치가들에게 주목받지 못한 제자

공자에게 각별한 사랑을 독차지한 안연이었지만 열국의 제후들과 대부들에게는 이상하리만치 유독 주목을 받지 못했다. 적지 않은 제자들이 정계에 진출했지만 안연은 현실 정치 속으로 한 걸음도 들어가지 못했다. 참으로 의외이다.

이와 관련하여 두 가지 가설을 생각해볼 수 있다. 하나는 안연의 이른 죽음에서 답을 찾는 안이다. 학단에 들어온 안연은 아직 나이가 젊었고 그 때문에 정치적으로 미숙했으며, 제후와 대부들이 눈독을 들일만한 나이가 되자 그만 세상을 떠났다고 가정해보는 경우이다. 이것은 제법 설득력 있는 가설처럼 보인다.

하지만 공자의 제자들 가운데에는 젊은 나이에 출사한 이들이 적지 않았다. 대표적으로 공자보다 45세가 적은 자유子游를 들 수 있다. 그가 무성武城의 읍재를 할 때 공자가 그곳을 찾아가 정무를 훌륭하게 수행하고 있는 제자를 칭찬한 일이 있다. 그 시기를 공자 생의 가장 만년으로 잡는다 하더라도 자유의 나이는 최고 28세를 넘기지 못한다.

그런데 문제는 자유만 그런 것이 아니다. 춘추시대에 대부가大夫家의 자제가 20대에 국정에 참여하는 경우는 꽤 흔하였다. 또 『논어』 전편을 살펴볼 때 적지 않은 제자가 20대에 이미 정계에 주목을 받았고 30대에 대부들에게 초청받아 정치 현안을 논했던 것으로 보인다. 그렇다면 안연이 위정자들에게 주목받지 못한 이유를 요절 탓으로 돌릴 수는 없다. 더구나 안연은 공자가 노나라로 돌아온 이후로도 한참을 더 살았지 않았던가.

남은 하나는 안연의 정치 역량에서 답을 찾는 안이다. 안연은 공부만을 좋아하는 독서군자였지 현실 정치에는 거의 무능력한 인물이었다고 가정해보는 경우이다. 물 한 그릇과 거친 밥 한 덩이로 누항에 살면서도 학문하는 즐거움을 버리지 않았다는 공자의 말로 볼 때 이 가설은 전혀 설득력이 없다고 생각되지 않는다.

하지만 이 가설 역시 썩 수긍이 가지는 않는다. 군정軍政에 역량을 보여 사과四科[1] 중 정사政事에 이름을 올렸던 자로가 공자에게 '나라의 군대를 통솔할 때 누구와 함께하실 것인가'를 묻자, 공자는 안연을 지목하며 '일에 임해 신중하게 처리할 줄 알고, 계획을 잘하여 성사시키는 인물'이라고 하였다. 이 말을 상기한다면 안연을 마냥 현실감 없는 독서군자로 보아 넘기는 것도 경계해야 할 듯하다.

---

1 사과四科: 공자의 제자들을 성취와 특장점에 따라 네 부류로 나눈 것이다. 흔히 공문사과라고도 한다. 덕행엔 안연顏淵, 민자건閔子騫, 염백우冉伯牛, 중궁仲弓이 있고, 언어엔 재아宰, 자공我子貢이 있고, 정사엔 염유冉有, 자로子路가 있고, 문학엔 자유子游, 자하子夏가 있다.

딸깍발이 독서선비의 원형

그렇다면 안연이 당시 정계로부터 주목을 받지 못한 이유는 무엇일까. 가장 큰 원인은 지극히 한미했던 그의 출신 때문이라 짐작된다. 대부가에서 인재를 등용할 때 물론 개인의 능력도 중요하다. 하지만 특정 인물의 등용이 계기가 되어 맺어질 세력과 세력의 연대가 당시 대부들에게는 무엇보다 우선 고려 사항이었을 가능성이 크다. 이런 관점에서 안연은 가장 큰 매력 요인 중 하나를 가지지 못한 셈이다.

안연이 주목받지 못한 또 다른 이유는 성격에 있다고 보인다. 『논어』에 드러난 정보로 추측해보면 안연은 명석한 데다 과묵하여 속을 알 수 없는 인물이다. 언제나 정도正道를 고수하여, 불의에 거칠게 항의하는 일도 없지만 결코 타협하지도 않았다. 공사의 분별이 분명하고 주관이 뚜렷해서 할 말은 딱 부러지게 하고 마는 성격이다. 이런 사람은 예나 지금이나 정치에는 그다지 맞지 않다. 안연의 유난한 반듯함과 자기 관리가 당시 대부들에게는 께름하고 떨떠름했는지 모른다.

이러한 안연의 인물상이 뒷날 동아시아 문화 속에 가난한 독서선비의 모습으로 그 잔흔을 남긴 것은 아닌가 생각한다. 공자가 유교를 세웠다면, 그 수제자 안연은 유교 문화의 핵심 아이콘 가운데 하나인 독서선비의 시조가 되었다는 생각이다. 문무를 겸비했던 공자와 달리 문사의 성격이 두드러지는 면모에서나 문아文雅함의 이면에 감추어진 기개, 속기가 범접하기 어려운 단정함과 자

기 수양. 안연의 이런 면모들이 가난한 독서선비 딸깍발이의 원형
이라고 나는 본다.

6장 자로子路

공자의 길을 따라간 사나이, 학단의 맏형

변읍의 호협한 청년

자로

이름은 중유仲由, 자는 자로子路이다. 유由는 따른다는 뜻이고 로路는 길이라는 뜻인데, 이름대로 운명처럼 평생 공자를 따라 공자의 길을 함께 걸어간 사람이다.

자로는 위나라 대부의 일족으로 노나라 변읍卞邑 시골 마을에 정착한 부호가 자제였다. 전설에 의하면 젊은 시절 호협했던 그는 공자의 명성을 듣고 조금 밸이 꼴렸던지 수탉 꼬리로 장식한 모자와 수퇘지 가죽으로 만든 주머니로 한껏 멋을 내고 공자를 찾아가 무례하게 굴었다고 한다. 그러나 젊은 선생 공자에게 그 자리에서 반해 자신의 평생을 맡겼다.

춘추의 맹약보다 자로의 말 한마디

자로는 전형적인 북방 기질의 사나이다. '자로는 거칠다'由也喭라고 한 공자의 짧은 평가는 야성의 사나이 자로의 면모를 말해준다. 거친 만큼 순수하고 우직하여 교묘한 말장난이나 마음에 없는 말로 아첨하는 따위의 짓은 하지 않았다. 자로는 남이 단점을 지적하면 기뻐하였다고 하는데, 같은 허물을 두 번 저지르지 않았다는 안연과 좋은 짝이 되면서도 사내다운 면모가 짙게 묻어난다.

북송의 학자 범조우范祖禹(1041~1098)는 자로의 이러한 면을 높이 사 이렇게 찬탄하였다. "자로는 좋은 말을 들으면 반드시 실행하는 데 용감하였다. 이는 다른 문인들이 도저히 따라갈 수 없다고 고백하며 존경한 점이다. 자로와 같은 분이라면 용맹을 잘 썼다고 할 만하다."

종종 실천력이 너무 강해 공자가 손사래를 치며 말려야 할 정도였지만, 배운 것은 반드시 실천하고 약속한 것은 무슨 일이 있더라도 지켜야 하는 것이 그의 천성이었다. 때문인지 자로에 대한 당시 사람들의 신뢰는 대단한 것이어서, 의심 많은 권력자 계강자가 이렇게 말할 정도였다.

> 제후들의 춘추 맹약을 믿지는 못해도 그대의 한마디 말은 믿습니다.
>
> 千乘之國, 不信其盟, 而信子之言.

스승을 향한 오직 한 마음

공자에 대한 자로의 존경심과 섬김은 제자들 가운데서도 유별난 것이다. 사소한 칭찬에도 어린애마냥 들떠 좋아하였고, 어디를 가든 어떠한 고생을 겪든 공자와 함께하려 했다. 이는 공자도 마찬가지였다. 자로만큼은 어디든 자신을 따라올 것이라 굳게 믿어, 이제 끝내 자신의 이상을 실현할 수 없으리라 좌절하였을 때도 공자는 이렇게 말하였다.

> 도가 실현되지 않으면 조각배를 타고 바다를 건너 떠나야 하려나. 그렇대도 아마 자로만큼은 날 따르겠지.
>
> 道不行, 乘桴浮于海. 從我者, 其由與.

이 농담조의 푸념은 도가 실현될 가망이 전혀 없음을 본능적으로 감지한 이의 깊은 비탄이다. 모든 사회적 관계를 단절하고 제자들마저 버리고 떠나야 할지도 모르는 절망적 상황에서 던진 자조어린 해학이다.

그러나 공자의 말을 들은 자로는 스승의 절망감에 공감하고 가슴 아파하기는커녕 오히려 기뻐하였다. 스승이 어떤 고난과 좌절 속에서도 함께 할 사람으로 자신을 지목하였다는 이유 하나다. 단순하기 그지없다. 자로의 진심을 아는 공자로서는 너털웃음을 터트릴 수밖에. "아이고 겁도 없네. 이 속없는 사람아."[2]

말씀을 어기고 하늘에 기도한 제자

공자가 쓰러졌을 때 자로가 보인 정성은 아무도 못 말릴 눈물겨운 것이었다. 오랜 유랑 생활에 지친 스승이 자리에 눕자 자로는 애가 탔다. 갖은 방법을 다 쓰다가 마침내 자로는 하늘에 빌어보기로 했다. 공자는 기적이니 귀신이니 하는 따위를 몹시 경계해 입에 담지도 않았다. 그것을 잘 아는 자로지만 그럼에도 기도를 올리고 싶노라고 스승에게 졸랐다.

하늘과 땅의 귀신에게 빈다는 그 기도가 어떠한 것인지 단정할 수 없지만, 자로의 기도가 주공의 기도(→36면 참조)와 완전히 다른 것이라고 생각하기는 어렵다. 스승의 목숨 대신에 자신의 목숨을 거두어 달라고 하늘에 빈다는 뜻이다. 그만큼 자로는 진심이었다.

공자는 극구 말렸다. 기도는 진작부터 이미 하고 있었노라고 단호히 사양했다. 하늘과 땅의 이치에 순응하여 사는 삶. 그것이

---

2 속없는 사람아: 이 부분은 "由也好勇過我, 無所取材"를 번역한 말이다. 이 부분에 대한 의미 해석은 예로부터 분분하여 학자마다 견해가 다르다. 여기서는 기존의 견해를 모두 버리고 전혀 다르게 해석해보았다. '無所取材'를 어떤 영악한 계산도 엉큼한 속내도 없는 그런 순수함으로 이해해보는 해석이다. 이날 공자와 자로는 모처럼 한바탕 너털웃음을 터트렸을 것이라 상상해본다.

공자의 기도이다. 군신 관계가 아닌 이상 하늘과 땅에 제사를 올려 타인의 목숨을 담보로 자신의 목숨을 구걸하는 행위는 공자에겐 그 자체로 거짓이요 사기였다. 그것은 기도가 아니라 죄악이다.

공자는 앓아 누운 몸으로서도 이성을 잃지 않고 시종 냉정함을 유지했다. 그것이 합리주의 철학자 공자의 모습인지 모른다. 거룩한 성인은 무엇이 달라도 다른 것인가. 나는 그러나 공자가 그토록 기도를 만류한 이유가 단지 그것이 하늘을 속이는 행위이기 때문이라 생각지 않는다. 공자를 더욱 못 견디게 했던 것은 어쩌면 자신 때문에 친구이자 애제자인 자로가 목숨을 걸어야 한다는 사실이었으리라.

이 기도 사건을 두고 후대의 학자들은 자로의 처신을 비판하곤 했다. 지성적이지 못한 행동이라는 것이다. 하지만 나는 자로의 모습에서 오히려 뜨거운 인간미를 발견한다. 고열에 시달리며 생사의 기로를 헤매는 스승의 병상 앞에서 차갑게 이성을 유지한 채 예법을 따져 행동하는 것이 정말로 바람직한 제자의 모습일까. 이럴 때마저 스승의 말을 고분고분 듣는 것이 참된 제자일까. 나는 모르겠다.

통찰력의 소유자 정치가 자로

우직한 자로의 이미지 때문에 사람들은 종종 그가 정치적 감각이 대단한 사람이었다는 것을 잊곤 한다. 하지만 공자가 '한마디 말로 옥사를 판결할 수 있는 인물'이라고 높이 평가한 데서 알 수 있듯이 자로는 범상치 않은 수준의 통찰력과 분별력, 결단력과 추진력을 지닌 사람이었다. 마냥 직선적이고 단순하기만 한 사람이 아니다.

공자가 위나라 출공出公 첩輒의 초빙을 받았을 때 자로는 정치가로서의 날카로운 통찰력을 드러낸 일이 있다. 위나라로 떠나시려는 스승에게 자로는 무엇을 가장 먼저 하실 생각이냐고 물었다. 공자는 이름名[3]을 바로 잡겠노라 하였다. 그러자 자로는 펄쩍 뛰었다. "아이고 선생님, 이렇게 물정 어두운 소리를 하신다니까요."

당시 위나라는 엉망이었다. 영공의 부인 남자와 아들 괴외蒯聵가 대립하던 끝에 괴외가 국외로 망명하였고,(→174면 참조) 그 사이 영공이 죽었다. 괴외가 비록 망명자 신세였지만 세자의 지위를 버젓이 유지하고 있는 상황인데, 그럼에도 아들 출공이 임금 자리에 올라 아버지 괴외의 입국을 극력 저지하였다. 어머니는 어머니대로 아들은 아들대로 이름값을 못 하고 있었다. 또 임금은 임금이 아니고, 신하는 신하가 아니었다.

이런 상황에서 출공과 만나 이름을 바로잡겠다고 하는 것은

---

3 이름名: 동아시아 사람들은 이름을 매우 중시했다. 그 중에서도 유교는 특히 이름을 중시하여 '이름을 중시하는 교단'이란 뜻에서 명교名教라고도 한다. 그런데 이 이름은 사람의 이름과 같은 고유명사만을 가리키는 것이 아니라 직위나 직분의 이름이란 의미까지 포함한다. 부모면 보모라는 이름에 부끄럽지 않아야 하고, 학자라면 학자라는 이름에 부끄럽지 않아야 한다는 문화는 여기서 비롯되었다.

자칫 목숨을 잃을 수도 있는 위험천만한 행동이다. 자로가 펄쩍 뛰며 만류한 이유는 그 때문이었다. 끝내 공자는 자로의 의견을 수용할 수밖에 없었던 것처럼 보인다. 그만큼 자로는 공자의 속 마음은 물론 난마처럼 뒤엉킨 열국의 정세를 한눈에 꿰뚫어 보는 안목이 있었다. 정치가 자로의 면모이다.

학단의 맏형, 우정과 의리의 화신

공자보다 9세가 적은 자로는 학단의 맏형이었다. 제자인 한편 가장 친한 친구이기도 했던 그는 『논어』에 등장하는 횟수도 41회나 되어 다른 제자들에 견주어 압도적으로 많다. 하지만 우리가 자로에게서 느끼는 친숙함은 단순한 낯익음 그 이상의 무엇이다.

공자는 벗을 매우 귀하게 생각하였다. 예의를 아랑곳하지 않는 이학異學의 벗에게도 관대했고, 의지할 데 없는 벗이 죽어 묻힐 곳이 없으면 자신의 집에 빈소를 차리고 몸소 장례를 치러 주었다. 이런 면을 가장 잘 계승한 제자가 있다면 바로 자로이다.

품 넓은 자로는 빈궁한 학단의 벗들과 자신의 거마車馬나 옷을 공유했고, 또 그것이 손상되어도 조금도 마음에 두지 않았다. 동아시아에는 벗 사이에 재산을 공유하는 특유의 문화전통이 있다. 통재通財라고 하는 이 문화는 공자 학단의 맏형 자로로부터 만들어졌다고 해도 과언이 아니다. 유례를 찾기 어려운 공자 학단의 저 유난한 유대는 학단의 맏형이 자로라서 가능했던 것일지 모른다.

공회孔悝의 난에 휘말려 목숨을 잃은 것도 우정과 의리를 앞세

우는 그의 성격 때문이었다. 괴외가 입국하여 난을 일으켰을 때 자로가 공어孔圉의 집으로 달려간 것은 공어와의 옛 의리를 저버릴 수 없어 그 아들 공회를 지켜주기 위해서였다. 어떤 면에서 자로의 우정과 의리는 다소 통속적이다. 하지만 세상이 각박해질수록 도리어 큰형님 자로의 우정과 의리가 더욱 크게 느껴진다.

이 가치를 높게 산 설응기薛應旂(1500~1575)는 송나라 시대에 정자와 소동파의 문인 가운데 한 사람이라도 자로 같은 인물이 있었다면 낙촉洛蜀의 분당[4]과 같은 불행은 없었을 것이라고 애석해하였다.

---

4 낙촉洛蜀의 분당: 당파 싸움으로 인한 분열을 말한다. 북송 때에 낙양洛陽의 정이程頤를 영수로 한 낙당洛黨과 촉蜀의 소식蘇軾을 영수로 한 촉당蜀黨이 격렬하게 대립하여 서로 배척하고 공격한 것에서 유래한 말이다.

7장 자공子貢

학단의 실질적인 리더, 타고난 귀공자

유서 깊은 집안의 후손

자공

이름은 사賜이고, 자는 자공子貢이다. 『설원說苑』을 보면 자공의 자는 본래 자공子贛이었는데, 음이 같아 자공子貢으로 와전되었다고 하였다. 사賜, 공贛, 공貢은 모두 제공한다는 뜻이다. 자공 역시 그 이름의 뜻대로 평생토록 스승 옆에서 학단의 살림을 꾸리며 필요한 모든 것을 제공한 제자이다.

자공은 위령공의 역량 있는 대부였던 단목거端木巨의 아들로 학단의 인물들 중에서 출신이 가장 좋은 편에 속했다. 게다가 명민했다. 명문가에서 나고 자란 사람들은 어렸을 때부터 거대한 가문 내에서 자연스럽게 상류층의 예절을 익히고, 공동체 구성원이 지녀야 할 덕목을 일상에서 터득한다. 남을 배려하고 자신을 절제하는 매너도 세련될 뿐 아니라 부드러움과 엄함이 적절히 조화된 말로 상대를 간단히 제어할 줄도 안다. 오랜 세월 통치계급의 사람으로 살아오며 자연스레 터득한 기술이다.

자공은 타고난 좋은 자질 위에 앞서 열거한 명문가의 덕목인 화술과 처세술을 자연스레 몸에 익힌 인물이다. 자공이 사과四科 가운데 언어言語에 이름을 올린 것도 이 때문이고, 뒷날 벼슬을 하면서 누차 담판을 성공으로 이끈 것도 이 힘이다.

유려한 화술, 진실한 마음

자공이 화술에 뛰어났다고 전해지지만 그렇다고 그가 언변만 유려한 사람이었다는 뜻은 아니다. 그 자신 겸손하고 진실하였으며, 그렇지 못한 사람을 무척이나 싫어했다. 자공이 싫어한 부류는 세 종류였다.

> "사야. 너도 미워하는 사람이 있느냐?"
>
> "남의 견해를 훔쳐 아는 체하는 자를 미워하고, 무례한 반항기를 용기인 체하는 자를 미워하고, 남의 단점을 들추어내면서 솔직한 체하는 자를 미워합니다."
>
> 曰: "賜也 亦有惡乎?"
>
> "惡徼以爲知者, 惡不孫以爲勇者, 惡訐以爲直者."

이 말에 자공의 사람됨과 공부의 지향이 잘 나타나 있다. 자공은 결코 잘난 척 나서기를 좋아하는 사람도 아니었고, 용기 있는

척 허세를 부리는 사람도 아니었고, 그럴듯한 말솜씨로 남의 약점을 들추어내는 따위 야비한 짓을 하는 사람은 더더욱 아니었다. 아니 극히 싫어하였다. 자공의 언변은 결코 약은 궤변이나 현란한 말솜씨 따위가 아니었다.

사다리로 하늘을 오를 수 없다는 탄식

자공은 안연의 빛에 가려져 제대로 조명을 받지 못한 제자이다. 하지만 공자 학단에서 유일하게 안연에 견주어질 수 있었던 수재였다. 학단의 살림을 맡아 이끌던 자공은 왕왕 후배들을 비교하곤 하였다. 공자는 자공의 이 버릇이 몹시 못마땅했다. 그래서 한 번은 짓궂게도 '너는 안연과 견주어 누가 낫다고 생각하느냐?'고 질문하여 자공을 무안하게 만들었다.

제자의 점잖지 못한 버릇을 고쳐주려는 것이 공자의 목적이었겠지만, 비교 대상으로 끌어온 사람이 하필 안연이다. 둘의 나이가 비슷할 뿐 아니라 재능 역시 안연 말고는 자공과 견줄 사람이 없음을 시사하는 증거이기도 하다. 자공을 두고 '지나간 것을 말해주면 앞으로의 일을 알았다'고 한 공자의 평은 그러한 정황을 잘 보여준다.

자공은 특유의 직관력과 통찰력으로 공자의 학문을 꿰뚫어 보았다. 안연을 제외하면 인仁의 요체와 충서忠恕의 의미를 가장 먼저 전수받아 체인體認한 사람은 자공이었으며, 인정仁政의 완성을 박시제중博施濟衆이라는 말로 구체화시킨 사람도 자공이었다. 당시

대부들은 자공을 공자보다 훌륭하다고 칭찬하곤 했는데, 그때 자공은 안연의 저 미고彌高의 탄식(→45면 참조)과 비슷한 말로 공자를 찬미하였다. 역시 자공은 안연에 버금가는 수재였던 것이다.

> 선생님께는 도저히 다다를 수 없다. 그것은 하늘을 사다리로 오를 수 없는 것과 같다.
>
> 夫子之不可及也, 猶天之不可階而升也.

배짱 두둑한 승부사, 최고의 협상가

자공은 정치에 뛰어났다. 학단의 제자들 가운데 정계로부터 가장 주목을 받았으며, 공자 역시 그 재능을 높이 평가해 계강자季康子에게 추천하였다. 자공이 특히 재능을 보였던 방면은 앞에서 서술한바 특유의 화술에 바탕한 외교와 협상이다. 유려한 언변으로 상황에 꼭 맞는 비유를 통해 무례한 요구를 유연하게 거절하고, 알력과 마찰을 조정하고, 화합과 우호를 이끌어내는 탁월한 역량이 자공에게는 있었다.

애공이 임금에 오른 지 7년째 되던 BC488년, 강대국 오나라의 왕 부차가 노나라에 회합을 요구하였다. '계강자가 애공을 수행하여 오나라로 올 것'이 그 조건이었지만, 그러나 계강자는 이 회합에 가지 않았다. 화가 난 오나라는 계강자를 질책하였고, 겁이 난 계강자는 자공을 대신 보내었다. 오나라가 노나라의 무례를 지적하며 원색적으로 불만을 표하자 그때 자공이 말하였다.

이것이 어찌 예이겠습니까? 단지 대국이 침략할까 두려워하여 도성을 비울 수 없어 그런 것일 뿐입니다.

豈以爲禮? 畏大國也.

계강자가 도성을 비우면 너희 오나라가 즉시 침공할 작정 아니냐는 말이다. 완곡한 말로 오나라의 압박을 꺾고 노나라의 자존심을 지켰다. 정곡을 찔린 오나라는 한발 물러설 수밖에 없었다. 이처럼 자공은 백면서생의 선비로서는 좀처럼 가지기 힘든 날카로운 현실감과 두둑한 배짱의 소유자였던 것인데, 저런 승부사를 계강자가 어찌 탐내지 않을 수 있었겠는가. 자공은 단연 춘추시대 최고의 협상가 가운데 한사람이었다.

옥그릇이라는 그 평가

공자는 자공을 두고 호련瑚璉이라 평가했다. 호련은 종묘 제례에 쓰는 옥으로 만든 귀한 그릇이다. 국가의 가장 중요한 의식에 없어서는 안 되는 꼭 필요한 것이 호련이다. 그런 점에서 공자가 자공을 두고 옥그릇인 호련이라 평가한 것은 참으로 대단한 칭찬처럼 보인다. 그러나 아무리 귀하더라도 그것이 결국 '그릇'이라는 데 문제가 있다.

공자는 이상적인 인간상을 군자라는 말로 표현했는데, 이 군자라는 인간 유형의 지향은 '그릇이 아닌 인간'이다. 세상의 모든 그릇에는 일정한 쓰임새가 있는데, 그릇처럼 일정한 쓰임새에 한

정되는 인간은 소인이다. 군자는 일정한 쓰임새를 거부한다. 특정 방면에 역량을 발휘하는 전문가가 아니라 경영자로서 전인全人을 지향하기 때문이다. 이런 뜻에서 군자를 불기不器라고 한다.

공자 학단의 교육 목표는 군자형 인간 양성이다. 공자가 불기不器의 군자를 천명하면서부터 제자들은 자신이 얼마만큼 군자형 인간에 가까이 도달한 사람인지 궁금해 했고 그에 대한 스승의 평가를 기대했다. 그 와중에 공자가 제자 자천子賤을 두고 군자답다고 평한 적(→77면 참조)이 있었다.

벗이 군자라는 평가를 받자 자공은 자신에 대해서도 평해 달라고 졸랐다. 자공은 내심 '너도 군자답지'라는 말을 기대했을지 모른다. 그러나 돌아온 대답은 야속하게도 '너는 그릇'이라는 말이었다. 뜻밖의 대답에 애가 달아오른 자공은 무슨 그릇이냐고 재차 여쭈었다.

> "저는 무슨 그릇입니까."
> "너는 호련瑚璉이니라."
> 曰: "何器也?" 曰: "瑚璉也."

그날 스승과 제자가 나눈 현장의 공기를 알 수 없고 또 자공의 표정 변화를 읽을 수 없는 지금, 이 짧은 대답을 자공이 어떻게 받아들였을지 궁금하다. 다만 자공이 마냥 서운하게 받아들였을 것이라 단정하기도 어렵다. 명민했던 자공은 그 자신 스스로 자기는

춘추시대 옥그릇

호련이라는 것을 본능적으로 직감하고 있었을 가능성이 없지 않기 때문이다.

어떠한 자리에 있어도 어울리고 어떠한 위치에서라도 역량을 발휘할 수 있는 사람이 있다. 하지만 그렇지는 않더라도 중요한 자리에서만큼은 절대 빠뜨릴 수 없는, 참석만으로 자리가 빛나는 보석같은 사람도 있다. 태생적으로 귀하여 어울리는 자리가 지극히 한정된 사람이다. 우리는 이런 사람을 귀공자라 부른다.

타고난 귀공자, 성읍의 읍재에는 어울리지 않지만 군주의 회동 자리에는 꼭 필요한 협상가. 자공은 바로 그런 사람이다. 호련이라는 그 평가를 불기군자不器君子와 평면적으로 비교하여 무조건 그만 못하다고 여기는 것은 글쎄? 좀 생각해볼 일이다.

8장 중궁仲弓

농민의 자식, 임금의 재목

말 없는 그 사나이

이름은 염옹冉雍으로 안연과 나란히 덕행에 이름을 올렸다. 염백우冉伯牛, 염유冉有와 함께 염씨가冉氏家의 세 인물이다.

공자는 말을 화려하게 하는 사람을 늘 경계했다. 말을 잘하는 이를 보면 반드시 그 사람의 실천이 어떠한가를 살폈으며, 자신도 마을에서 지낼 때에 말을 삼가 마치 어눌한 사람처럼 행동했다. 말솜씨에 대한 공자의 불신은 대단히 커서 그것을 경계한 것만 『논어』에 10여 차례 이상 발견되는데, 대개 교묘한 말과 위선적인 웃음을 띠는 인간치고 사람다운 사람이 없다는 기조로 일관된다.

어눌하다는 것이 꼭 과묵함을 의미하는 것인가는 별개의 문제겠지만, 그러나 진실함이 결여된 화술보다는 과묵한 것을 공자는 좋아했다. 학단의 제자들 중에 이런 유형에 해당하는 인물이 있다면 그는 바로 중궁이다.

좀처럼 말이 없는 사내. 삶의 양식은 지극히 간결한 데다 천성적으로 몸에 밴 겸손함을 지닌 사람. 중궁의 이런 면모 때문에 당시 세간에서는 그를 어진 사람이라고 높이 평가하기도 했지만 동시에 지나친 과묵함을 단점으로 꼽기도 했다. 공자는 중궁 특유의 그 과묵함을 칭찬하여 이렇게 말했다.

말재주를 어디다 쓸까. 고물이 묻을세라 냉큼 대꾸하다가 번번이 남에게 미움이나 받는 걸. 중궁이 어진 줄은 모르겠다만 말재주 같은 것이야 어디다 쓸까.

焉用佞? 禦人以口給, 屢憎於人. 不知其仁, 焉用佞?

임금이 되어도 잘 해낼 사람

중궁이 계씨의 가재家宰가 되었을 때 공자는 "실무는 담당관을 믿고 맡겨라. 작은 허물은 용서하라. 어진 인재를 등용하라." 하고 조언해주었다. 정무를 총괄하는 재신宰臣으로서 신뢰와 관용, 사람을 보는 안목을 갖추라는 당부이다. 이 말은 어딘가 만기萬機[5]의 정무를 신하들에게 맡긴 순임금의 정치나 밥을 먹다가도 버선발로 나가 선비를 맞이하던 주공의 정치를 떠올리게 한다. 결국 그릇에 맞는 인재를 등용하여 실무를 맡기고 가재 자신은 불기不器가 되라는 주문이다.

공자는 자신이 생각하는 정치를 구현할 이상적인 위정자의 모습을 군자라는 말로 표현하였다. 군자가 새롭거나 특별한 개념은 아니다. 글자 그대로 '임금君의 아들子'이란 말인데, 임금의 아들 중에 후계자가 아닌 사람, 곧 '대부 계급'을 가리키는 용어이다.

그런데 공자는 이 오랜 용어에 순과 주공의 정신에서 유래한

---

5 만기萬機: 제왕의 정사가 매우 많음을 표현한 말이다. 임금에게는 하루에 만 가지나 되는 기무機務를 처리해야 하는 책임이 있다는 뜻이다.

불기不器의 개념을 결합시키고, 거기에 백성을 공경하고 악행을 저지르지 말라는 새로운 도덕률을 부여하였다. 요컨대 대부는 단순히 계급 용어이지만, 공자에 의해 재탄생한 군자는 '권장되는 정치 역량과 도덕성을 이상적으로 갖춘 대부'라는 뜻을 갖게 된 것이다.

계씨의 가재로 정계에 들어선 중궁은 공자의 조언을 충실히 이행하려 노력했다. 마침내 중궁은 군자의 정치를 현실에서 실천해내었던 것으로 보인다. 기뻤던 공자는 이례적으로 크게 칭찬했다. 그것은 다른 제자들에게 군대를 통솔하거나 작은 시골의 읍재가 되기에 충분하다고 칭찬한 경우와는 비길 수도 없이 큰 것이었다.

> 옹은 임금 노릇도 잘 하겠구나!
>
> 雍也可使南面.

얼룩빼기 황소에게서 태어난 붉은 송아지

> 얼룩빼기 황소의 송아지가 털이 붉고 뿔이 반듯하게 자랐다. 사람들이야 제사에 바치지 않으려 하겠지만, 산천의 신령이야 외면하겠는가?
>
> 犁牛之子, 騂且角. 雖欲勿用, 山川其舍諸?

얼룩빼기 칡소

리우犁牛는 칡소라고 불리는 얼룩빼기 소이다. 리犁는 결이 고르다는 뜻이다. 그래서 리우에는 '가죽의 얼룩무늬 결이 고른 소'라는 뜻도 있고, '밭의 고랑을 결 고르게 잘 타는 소'라는 의미도 있다. 어찌 되었던 얼룩빼기 칡소는 잡색의 농사용 소이다. 고대에 산천의 신령에게 제사를 지낼 때 희생으로 쓰는 소는 순색의 붉은 소에 한정되었다.

소가 희생으로 쓰이는 것은 사람으로 말하면 등용되어 나라의 큰 정치에 쓰이는 것과 같다. 요컨대, 중궁의 부친에게 모종의 흠결이 있어 당대 군주와 권력자들이 중궁을 탐탁찮게 여기고 있지만, 아들 중궁은 그 인물됨이 워낙 반듯하고 훌륭하기 때문에 만약 그를 등용한다면 종묘사직의 신들은 기꺼이 받아줄 것이란 뜻이다.

이를 두고 『사기』에서는 '중궁의 부친은 미천했다' 하였고, 『공자가어』에서는 '중궁은 불초不肖한 어버이에게서 태어났다' 하였다. 주자의 집주는 이 두 기록을 한 데 아울러 '중궁의 부친은 미천하고 또 악행을 저질렀다' 하였다. 뒷날 최술은 이 해석들에 대해 '자식의 어짊을 칭찬하느라 그 부친의 악함을 드러내는 것은 사람의 마음에 헤아려볼 때 온당치가 않다'고 비판하였다.

최술의 비판에 매우 공감한다. 얼룩빼기 취소는 불초함이나 악행을 상징하는 무엇이 아니다. 단지 중궁의 집안이 농민의 가문이라는 것만을 나타낸다고 나는 생각한다. 타고난 계급이 삶의 거의 전부를 좌우했던 시대, 농민의 아들로 태어나 임금 노릇도 너끈히 해낼 재목이라는 평가를 받은 인물, 그가 중궁이다. 그의 과묵함이 천둥보다 크게 울린다.

9장 민자건閔子騫

기개 있는 선비, 속 깊은 효자

계강자의 부름을 거절한 기개

덕행에 이름을 올린 4인 가운데 한 사람인 민자건 역시 학단의 초기 제자이다. 그가 평소 공자를 모시는 모습을 『논어』에서 '은은'誾誾이라 표현하였는데, 이는 '화순하면서도 옳고 그름을 분명히 분별하는 모습'이라 한다. 민자건이라는 인물을 간명하게 짚어낸 한 마디이다. 그는 겉은 부드러우면서도 내면은 반듯하고 기개 있는 제자였다.

공자 학단의 제자들을 주시하던 계강자季康子는 민자건을 썩 마음에 들어 하여 그에게 비읍費邑을 맡기려 했다. 비읍은 계씨가季氏家의 군사력과 경제력을 지탱하는 가장 중요한 읍성이었다. 계강자로서는 파격적인 대우를 제시한 것이다. 그러나 민자건은 자신을 찾아온 전언자에게 한마디 말로 잘라 거절했다.

> 전언자여 나를 대신해 잘 말해주오. 만약 내게 다시 벼슬을 권한다면 나는 틀림없이 노나라를 떠나 제나라 문수汶水로 가서 은거하리다.
>
> 善爲我辭焉. 如有復我者, 則吾必在汶上矣.

나를 대신해 잘 말해달라는 것이 겸손한 부탁이 아님은 물론이다. 그러고도 알아듣지 못할까 다시금 경고성 다짐을 쐐기처럼 박았다. 노나라 국정을 농락하는 권력자 계씨를 향한 엄중한 질타이다. 계씨가의 부름을 받았을 때 제자들마다 거취는 제각각이었는데, 같이 덕행에 이름을 올린 제자였지만 민자건과 중궁은 서로의 길이 이렇게 달랐다.

백성들의 존경을 받는 현자를 먼 변방으로 쫓아내었다는 손가락질이 싫어서라도 계강자로서는 민자건에게 자신의 사람이 되어 달라 다시 강요하기 어렵게 되었다. 그만큼 민자건의 태도는 단호했다. 이 때문에 『사기』에서는 "대부가에 벼슬하지 않고, 타락한 군주를 섬기지 않았다." 하고 칭송하였다.

백성을 위했던 진중한 전통론자

민자건이 덕행으로 인정받았다고 하였는데, 『논어』에서 덕德은 모호하고 추상적인 단어가 아니다. 마냥 사람 좋은 얼굴을 하며 점잔을 뺀다고 덕행이란 이름을 주지 않는다. 표방하는 이상이 지극히 도덕적이라 하더라도 덕행이란 이름을 주지 않는다. 덕에는 분명한 현실적 기여가 전제된다.

덕은 인품과 실무 능력을 아울러 갖추고 있어야 겨우 바래봄직한 어려운 이름이다. 자고 나면 권력자가 바뀌는 혼란한 시대에 현실감이 결여된 순진함이나 대안 없는 이상주의는 실로 무의미할 뿐 아니라 그 자체만으로 이미 악덕에 버금가는 문제를 안고 있기 때문이다. 모든 것이 뒤죽박죽된 춘추 말엽의 천하에서 노나라도 예외는 아니었다.

당시 노나라는 부족한 재정을 메우기 위해 세금을 늘리려 계획하고 있었고, 그를 위해 장부長府라는 세금 창고를 새로 증축하려 하였다. 공물을 관리하는 창고가 낡거나 무너졌다면 전면적으로 수리하거나 새로 지어야 마땅하다. 노나라의 재정이 아무리 넉넉지 않다고는 해도 창고 하나쯤 새로 짓는 것을 부담으로 여기거나 학정虐政으로 치부할 만큼은 아니었고, 민자건 또한 그러한 자잘한 문제에 연연하는 좀스런 고집쟁이는 아니었다.

새로 짓는 창고 벽의 길이를 배로 늘인다면 면적은 네 배로 넓어지고 공간은 여덟 배로 불어난다. 종당에 백성들은 불어난 만큼의 공간을 채우기 위해 밤낮으로 가쁜 숨을 몰아쉬어야 할 판이다. 이를 걱정한 민자건은 '잉구관'仍舊貫을 외쳤다. 잉仍은 계승한다는 뜻이고 관貫은 제도나 관습이다. 직역하면 '옛날 규모를 그대로 유지하자'는 말이다. 될 수 있으면 지금 쓰고 있는 창고를 잘 수리하여 쓰자는 말이요, 필요에 따라 어쩔 수 없이 새로 짓게 되더라도 종래의 창고 규모를 유지하자는 뜻이다.

전통을 존중하려는 민자건의 노력은 백성들에게 실질적인 혜택을 주었을 것인데, 그것이 민자건의 덕행이다. 전통을 존중하는 민자건의 주장은 주나라 문화를 회복하려 했던 공자의 정신과 닮아 있다. 때문에 공자는 "저 친구가 입을 좀처럼 떼지 않을 뿐이지, 입을 뗐다 하면 참 맞는 말만 하거든." 하고 유머러스하게 칭찬했다. 양의 희생 제도를 혁파하고자 했던 자공[6]을 보며 걱정스레 타일렀던 경우와는 확실히 대비된다.

갈대솜옷을 입은 속 깊은 효자

민자건은 남다른 효자로 알려져 있다. 그의 효에 대해 공자는 "정말로 효자이지 민자건은. 부모형제들이 자랑하는 말에 남들이 토를 달 수가 없을 정도이니!" 하고 감탄했다. 제자는 물론 동시대 인물들을 통틀어 공자가 이렇게 감탄조로 칭찬한 사람은 몇 되지 않는다. 무얼 두고 하신 말씀인지 구체적으로 살필 수는 없지만, 그가 대단한 효자임에는 분명해 보인다. 짤막한 전설 한 토막이 『설원』說苑에 실려 있다.

민자건은 어려서 어머니를 여의었다. 아버지는 새로 결혼을 하였고, 새어머니는 두 아들을 데리고 왔다. 어느 추운 겨울날 민

---

6 양의 희생 제도를 혁파하고자 했던 자공: 주나라에는 매월 초하루마다 그 달에 행할 행사를 종묘에 아뢰며 희생양을 바치던 제도가 있었다. 그러다가 춘추시대에 와서 종묘에 아뢰는 전통은 없어지고 양을 죽이는 의식만 관습처럼 남았다. 이에 자공이 애꿎은 양만 희생시키는 것이 부질없다고 생각해 그 관습을 없애려 하였는데, 자공의 생각을 들은 공자가 "너는 양이 불쌍하다고 생각하느냐. 나는 그렇게라도 종묘에 아뢰는 예의 흔적이 남아 있는 것이 고맙다."라고 하였다. 자공은 본질이 사라진 껍데기 관습은 무의미하다고 생각했고, 공자는 무의미해 보이는 관습이지만 그것을 통해 본질인 예와 주나라 문명을 복원할 수 있다고 생각한 것이다.

아버지에게 애원하는 민자건

자건은 수레를 몰다가 손에 쥐고 있던 말고삐를 그만 놓치고 말았다. 민자건의 아버지는 작은 일 하나 야무지게 해내지 못하는 아들이 못마땅했다. 화를 내던 아버지는 말고삐를 건네받으려 손을 내밀었다가 깜짝 놀랐다. 겉으로 두툼해 보이던 솜옷이 손을 대자마자 푹 꺼졌기 때문이다.

따스한 솜옷을 입고 있던 동생들과 달리 민자건은 갈대솜을 넣은 옷을 입고 있었다. 그 때문에 팔과 손이 추위에 얼어 고삐를 놓쳤던 것이다. 사정을 단박에 짐작한 민자건의 아버지는 격노하여 새로 맞이한 아내를 쫓아내려 하였다. 이때 민자건은 아버지에게 울며 이렇게 호소하였다고 한다.

> 어머니가 계시면 저 혼자 떨지만, 어머니가 가시면 저와 의붓동생들이 모두 외롭게 됩니다.
>
> 母在一子寒, 母去三子單.

이 전설은 후대에 꾸며진 이야기일지 모르지만, 어찌 되었던 이 이야기 하나로 민자건은 동아시아 문화에서 순임금을 이어 부모까지 감동케 하는 효자의 아이콘으로 자리 잡았다. 『오륜행실도』에서 그가 효행의 첫 주인공으로 등장한 것도 이 때문이다. 저토록 눈물 나는 효성에 누가 토를 달 수 있단 말인가.

10장 자천子賤

불기不器의 정치를 실천한 군자

군자라는 칭찬을 받은 제자

이름이 복불제宓不齊라고 하는 이 노나라 대부는 『논어』에 단 한 번 나온다. 물론 사과四科에도 들지 않았다. 그럼에도 자천이 공자 학단에서 차지했던 비중은 결코 가볍지 않아 보인다. 공자가 그토록 아끼던 군자라는 칭찬을 받은 단 하나의 제자이기 때문이다.

宓子　不齊字子賤魯人少孔子三十歲古本家
語云四十歲史記云四十九歲爲單父宰身不下
堂鳴琴而治巫馬期亦宰單父以星出以星入日
夜不處以身親之而單父亦治巫馬期問於子賤
子賤曰我任人子任力任人者佚任力者勞人謂
子賤則君子矣所著書有宓子十六篇一統志葬
鳳陽府壽州東南六十里舊有碑云爲魯使吳卒
于道因葬焉按李浩說不齊姓處作宓者非顏氏
家訓曰子賤卽虙犧之後史記列傳作密不齊密

자천

군자로구나. 이 사람이야말로. 노나라에 군자가 없다면 이 사람이 어디서 이런 덕을 배웠을꼬.

君子哉若人! 魯無君子者, 斯焉取斯?

공자는 이 제자 외에 다른 제자에게 직접 군자라는 칭찬을 한 적이 없다. 예외적으로 노나라의 남궁괄南宮适과 위나라의 현자인 거백옥蘧伯玉에게 군자답다고 한 적이 한 번씩 있었을 뿐이다. 자천이 군자라고 칭찬받는 것을 본 자공이 "저는 어떻습니까?" 하고 시샘 어린 질문을 했을 정도이니 저 칭찬의 크기를 알만하다. 자천이 대체 어떤 인물이기에 불기不器라는 그 큰 칭찬을 받았을까?

거문고를 타며 실천한 불기不器의 정치

자천이 선보單父라는 고을을 다스릴 때 거문고만 탔음에도 고을이 잘 다스려졌다는 고사가 전한다. 학단의 벗이었던 무마기巫馬期 역시 선보를 다스린 일이 있다. 무마기는 새벽별을 보고 출근하여 저녁별이 뜨는 즈음에야 일을 마쳤다. 조금도 꾀를 피우지 않고 정말이지 성실하고 부지런히 일했다. 하지만 무마기는 조금 당혹스러웠다. 최선을 다한 자신에 비해 거문고만 타는 자천의 정치가 못하지 않을 뿐 아니라 오히려 더 나은 것처럼 보이기도 했기 때문이다. 이 기이한 결과를 무마기로서는 선뜻 받아들이기 어려웠다. 의아해하는 무마기에게 자천은 이렇게 이야기했다고 한다.

나는 일을 사람에게 맡겼고, 그대는 일을 자신의 역량에 맡겼기 때문이지요.

我之謂任人, 子之謂任力.

자천의 이 말을 전해 들은 공자는 그가 큰 고을을 다스리지 못한 것을 몹시 안타까워했다고 한다. 공자는 수령을 맡은 제자들에게 '실무는 담당관을 믿고 맡기라'고 조언하곤 했는데, 위의 이야기는 자천이 실무자를 믿고 맡기는 정치의 힘을 잘 알고 있었음을 증언한다. 이것이 자천의 군자다움, 곧 불기不器의 실체이다.

백성들이 차마 속이지 못한 수령

거문고를 타면서 고을을 다스렸다는 점에서 자천과 자유는 비슷해 보인다. 다만 자유의 정치가 예악을 통해 문교를 부흥시켰다는 점에 초점이 맞추어져 있다면 자천의 정치는 불기군자不器君子의 정치에 초점이 맞추어져 있다.

자천은 수령에게 필요한 덕목을 두루 갖춘 인물임에 틀림없는 듯하다. 하지만 그가 가진 진짜 힘은 타인의 재능을 시기하지 않고 믿어주는 넓은 품에 있다. 사람들은 재능이 뛰어난 누군가를 만나면 대개 시기하거나 그의 재능을 이용하려고 든다. 유능한 사람을 경쟁자로 여기거나 도구로 생각하는 것이 아니라 진심으로 그들을 아끼고 믿어주는 것, 타인의 노력과 공로를 가로채지 않고 타인의 성취를 자기 일처럼 흔쾌히 축하해주는 것. 이는 아무나

할 수 있는 것이 아니다.

또 아무리 못난 인간이라도 자신의 가치를 진정으로 알아주고 믿어준 사람을 쉽게 배신하지는 못한다. 그 품 넓은 마음 씀에 진심으로 감동하기 때문이다. 백성들 역시 마찬가지이다. 자신들을 진정으로 사랑하고 위해주는 그릇 큰 위정자를 기만하지는 않는다. 차마 은혜를 저버리지 못하기 때문이다. 자천은 그런 수령이었다. 그래서 『사기』에서는 자천을 이렇게 칭송했다.

> 자산子産이 정鄭나라를 다스릴 때에는 백성들이 도저히 속일 수 없었고,
>
> 서문표西門豹가 업鄴을 다스릴 때에는 백성들이 감히 속일 수가 없었고,
>
> 자천子賤이 선보單父를 다스릴 때에는 백성들이 차마 속이지 못했다.
>
> 子產治鄭, 民不能欺; 西門豹治鄴, 民不敢欺; 子賤治單父, 民不忍欺.

11장 원사原思

청렴한 선비, 부끄러움의 정신

녹봉마저 사양한 순수한 이상주의자

원사

이름이 원헌原憲인 이 제자는 가난을 대수롭지 않게 생각했던 인물이다. 그의 집안과 출신을 분명하게 알 수는 없지만 여러 문헌이 전하는 정황을 고려할 때 경제적으로 매우 곤궁했음이 분명하다. 그럼에도 그가 언젠가 가재家宰에 기용되었을 때 녹봉으로 주는 곡식마저 사양할 정도로 물질이 가져다주는 풍요로움에 무관심했다.

공자는 세상 물정이라곤 눈곱만큼도 모르는 이 딱한 제자에게 굳이 그럴 필요 없다고 타일렀다. 그리고 그 녹봉을 받아 형편이 어려운 이웃에게 줄지언정 거절하는 것만이 능사는 아니라고 일러 주었다. 정당한 녹봉을 사양하는 것이 꼭 바람직한 일만은 아니기 때문이다.

원사가 사양한다면 그 개인으로서는 청렴함이 돋보이는 자랑

스러운 일이 될 수도 있겠지만 뒤따라 일어날 부작용은 그리 간단한 것이 아니다. 정해진 녹봉을 원사가 받지 않는다면 다른 가재들은 어떤 꼴이 될 것인가. 혹 당시 대부들이 원사의 이러한 행위를 훌륭하다고 부추겨 악용한다면 또 어떻게 될 것인가? 최악의 경우 가재의 녹봉이 없어질 수도 있다. 그렇게 되면 가재는 갖은 방법으로 보이지 않는 부정을 저지르며 자신의 생계를 꾸려나갈 수밖에 없다.

일견 미덕으로 보이는 작은 행위 뒤에는 적지 않은 문제가 켜켜이 설켜 있다. 정치 감각이 탁월했던 공자가 이러한 문제들을 날카롭게 꿰뚫어 보았던 것에 반해 청렴함을 향한 순수 의지로만 가득했던 원사는 이런 방면에는 아무런 생각이 없었다. 그는 가난하지만 순수한 이상을 간직한 선비였다.

선비는 가난할지언정 곤궁하지는 않는 법

극도의 가난 속에서도 원사는 마음의 여유를 잃지 않았다. 그러한 원사의 모습이 『장자』에 실린 일화에 잘 드러나 있다. 공자가 세상을 떠난 뒤, 원사는 아무런 세간 살림 없이 벽만 덩그런 오두막에 살았다. 초가지붕엔 풀이 자랐고 거적문은 부서졌다. 깨어진 옹기로 겨우 구멍만 낸 창문엔 칡으로 만든 발을 엉성하게 드리워놓았다. 그 속에서 원사는 태연히 거문고를 타고 있었다.

부유했던 학단의 벗 자공이 화려한 수레를 타고 원사를 방문했다. 안을 감색 비단으로 장식하고 겉을 흰 비단으로 감싼 으리으리한 자공의 수레는 하도 커서 빈민촌의 좁고 구불구불한 골목 안으로 들어갈 수 없었다. 자공은 수레에서 내려 걸어가 원사를 만났다. 원헌은 나무껍질로 만든 갓에 구멍 난 신발을 신고서 사립문을 나와 맞았다.

> "아. 선생이여! 어찌 이리 곤궁하오?"
>
> "내가 듣기에 재물이 없는 자를 가난하다 하고, 학문을 배우고도 실천하지 못하는 자를 곤궁하다 한다더군요. 지금 나는 가난할 뿐 곤궁한 게 아니라오."
>
> 子貢曰: "嘻！先生何病？"
>
> 原憲應之曰: "憲聞之, 無財謂之貧, 學道而不能行謂之病. 今憲, 貧也, 非病也."

이 이야기는 『사기』 「제자열전」에도 실려 있는데, 자공이 불쾌해하며 떠났다는 꼬리가 달렸다. 최술은 이 일화를 탐탁지 않아 했다. 가난하지만 아첨하지 않으며 부유하지만 교만하지 않은 미덕을 알았던 자공을 모욕하는 일화이기 때문이다. 오만하고 자존심만 센 가난뱅이가 저 자신의 고상함을 드러내는 한편 부유한 고위관료를 깎아내리기 위해 악의적으로 꾸며낸 이야기라고 최술은 말했다.

최술의 지적은 확실히 날카롭다. 다만 악의적으로 꾸며진 이야기라 할지라도 가난에 의연했던 원사의 일면은 제법 잘 포착되었고 본다.

부끄러움, 건강한 사회를 만드는 선비 정신

공자의 학단에서 원사가 주목받아 마땅한 면모는 욕심 적은 그의 천성만이 아니다. 그에게서 눈여겨보아야 할 면모가 하나 더 있다면 그것은 그가 '부끄러움'恥의 정신에 관심을 가졌다는 사실이다.

많은 사람이 간과하고 있지만, 공자의 사유와 유儒의 전통에서 중요한 위치를 차지하고 있는 정신이 부끄러움恥이다. 『논어』에는 '치'恥 자가 들어있는 문장이 무려 열한 군데나 된다. 공자가 부끄러움에 대해 철학적인 어떤 논리를 가지고 있었던 것은 아니다. 하지만 『논어』에 부끄러움이라는 말이 자주 등장한다는 것은 그만큼 공자에게 비중이 작지 않은 사유임을 시사한다.

사士 계급의 부끄러움恥에는 특히 엄격하여 '처신에 부끄러움이 있어야 선비'行己有恥라고 선언하였다. 공자가 형법정치 대신 도덕정치를 강조한 이유도 부끄러움의 힘을 믿어서이다. 부끄러움을 아는 선비가 도덕정치를 시행하면 백성들도 부끄러움을 알아 절로 바르게 된다는 논리인데, 곧 부끄러움이 있어야 바른 지식인이요 부끄러움이 있어야 정의롭고 건강한 사회라는 생각이다. 공자에게 부끄러움은 인간 선의지善意志의 한 징표이다.

학문을 하는 선비나 정치를 하는 대부에게 무엇을 부끄러워할 것인가는 하는 것은 매우 중요한 문제이다. 안빈낙도의 선비로 지내다가 벼슬아치가 된 원사는 공자가 말한 부끄러움의 정신에 관해 질문한 적이 있다.

> 원헌이 부끄러움에 대해 여쭈었다. 공자가 대답했다.
>
> "나라에 도道가 있을 때에 하는 일 없이 녹祿만 먹고 나라에 도가 없을 때에 도를 실천하지 못하고 녹만 먹는 것이 부끄러운 일이다."
>
> 憲問恥. 子曰: "邦有道穀, 邦無道穀, 恥也."

선비가 글을 읽는 것은 어떤 방식으로든 세상에 보탬이 되기 위해서이다. 보탬이 되는 최선의 길은 벼슬에 나가 모두가 행복한 이상 국가를 만드는 것이다. 지조를 핑계 삼아 관직에 진출하지 않는 것만이 능사가 아니다. 백면서생은 세상에 어떠한 보탬도 되지 못하는 제 무능을 도리어 부끄러워해야 마땅하다. 태평 시대에 선비가 출사하지 않는 것은 오직 재야에서 더욱 크게 이바지할 확신이 있을 때만 선택하는 길이다.

난세에는 더욱 그렇다. 나라에 정의가 없을 때 조정에서 당당히 직언을 올려 임금의 독재나 권력자의 횡포를 막아야 하며, 복잡하게 얽힌 국제사회의 역학관계 속에서 자신의 나라를 온전히 지켜내야 할 책무가 선비에게는 있다. 동아시아 지식인 정신이다. 도저히 그렇게 하지 못할 경우에는 구차하게 녹을 먹지 않고 물러나 도를 지키고, 후진을 양성하여 도를 전해야 한다.

결국 '부끄러운 일'恥이란 관직에 진출하여 녹을 먹는가 아닌가에 달려있지 않다. 태평한 시대에는 이상을 실현하지 못하는 것이 부끄러운 일이고, 난세에는 위기를 타개할 어떠한 노력도 고민도 없이 따박따박 월급만 받아먹는 것이 부끄러운 일이다. 지식인에게 부끄러움은 획일적이지도 않고, 부끄러움이 없다고 좋은 것만도 아니다.

이러한 공자의 치恥의 정신은 원헌을 거쳐 맹자에게로 이어졌다. 맹자는 말했다. "부끄러움이 없다는 것을 부끄러워할 줄 알면 진정으로 부끄러움이 없게 된다." 부끄러움의 정신은 이렇게 유가 사상의 중핵이 되었다.

12장 자유子游

부드러운 남방 군자와 음악의 정치

다정한 아들과 참된 효의 사이

이름이 언언言偃인 이 제자는 오나라 사람이었다. 최술崔述과 같은 학자는 오나라와 노나라의 거리가 멀다는 이유로 '자유는 오나라 사람이 아니다'라는 취지의 의문을 제기하기도 했지만, 춘추시대 말기에는 오나라가 북방으로 영토를 크게 확장하여 노나라와 국경이 닿아 있었다.

남방 오나라에서 북방의 노나라로 유학을 온 제자였기에 훗날 자유는 남방부자[7]로도 불렸는데, 호칭에 걸맞게 매우 부드럽고 온화한 인물이었다. 북방北方의 호강豪强함을 자랑하는 자로와는 거의 모든 면에서 대조적이라 할 수 있었다. 부드러운 그의 성격은 가정에서 부모님을 대할 때도 그대로 드러났다. 자유가 진정한 효는 어떠한 것인지 여쭈었을 때 공자가 말했다.

> 오늘날 효는 의식주를 잘 제공하는 것을 말한다. 하지만 말이나 개에게도 의식주는 잘 제공할 수 있다. 공경이 아니

7 남방부자南方夫子: '부자'는 학자에 대한 존칭이다. 곧 남방부자는 '남쪽 지방에서 오신 군자'라는 정도의 뜻이다.

면 어떻게 구별하겠느냐?

今之孝者 是謂能養. 至於犬馬, 皆能有養. 不敬何以別乎?

오늘날에 와서는 친구 같은 엄마 아빠를 이상적인 부모로 여긴다. 자녀 역시 부모를 친구처럼 편하게 대하는 것이 좋은 관계라고 생각한다. 효를 엄숙한 의무처럼 생각하는 기존 통념에 대한 거부감도 이러한 분위기를 형성하는 데 한몫했다. 효가 하나의 윤리적 이데올로그가 된 것에 대한 반감이다. 하지만 효의 본질은 절대로 윤리의 이데올그화도 아니고 자녀에게 무거운 짐을 지우려는 것도 아니다. 다만 친구 관계나 반려동물을 대할 때와는 달리 어떤 형태로든 최소한의 존경이 필요하다는 것이다.

존경이 무어 거창한 것은 꼭 아니다. 그것은 나보다 먼저 세상을 산 사람들의 삶에 귀 기울이는 태도이기도 하고, 나를 낳아주고 길러준 분의 사랑에 대한 고마움이기도 하다. 부모님의 사랑이 따스하기에 그럴수록 그 사랑을 믿어 함부로 구는 것이 아니라 오히려 감사하고 존경하는 마음을 가질 줄 알아야 한다는 의미이다. 남송의 경학가 호인胡寅이 '부모님의 사랑을 믿어 점차 불경不敬으로 흘러도 그것이 큰 잘못인 줄을 모른다'고 한 해석도 같은 맥락이다.

공자는 효의 필수조건으로 자유에게 공경을 주문하였다. 다정다감하고 친근한 남방 사람의 기질에 북방 특유의 근엄함과 절제 정신인 공경을 심어 자유의 학문과 인격을 완성시켜주었던 것이다.

예술을 사랑한 군자의 정치, 현가지치絃歌之治

문아文雅한 남방군자 자유의 성격은 모난 것을 싫어하고 원만한 인간관계를 지향하는 그 특유의 처세 철학으로 이어진다. "임금에게 자주 충고하면 욕을 보게 마련이고, 벗에게 자주 충고하면 멀어지게 마련이다." 인간의 심리와 사회적 관계의 미묘한 속내를 간명하게 지적해낸 이 말 속에는 남방군자의 속 깊은 배려심이 묻어있다.

감성적이면서도 섬세한 자유의 성격은 그가 무성武城이라는 지역의 수령이 되어 다스릴 때 그 특성을 유감없이 드러내었다. 자유는 수령이 되자 음악에 바탕한 정치를 폈다. 문화정책의 시도이다. 예술로 감성을 고양시키고 풍속을 감화시키는 것이 공자 교육의 한 방법인바 자유의 시도는 그것을 현실정치에서 구현해본 것이다.

제자가 다스리는 고을을 방문한 공자는 자못 감동하였다. 그리고 "닭을 잡는데 소 잡는 칼을 다 쓰네?"라고 말하며 슬며시 웃었다. 작은 고을 하나 다스리는데 너무 고상한 방법을 쓰는 것 아니냐는 농담이었다. 그만큼 자유의 시도는 성공적이었고 모범적이었던 것으로 보인다. 그날 공자는 제자의 고을에서 하나의 커다란 희망을 보았을지도 모른다.

자유의 이러한 정치 시도는 이후 동아시아에서 하나의 전범이 되었다. 지방의 고을을 맡아 수령으로 나가는 벼슬아치는 누구나 문화와 예술로 지역민들을 감동케 하고 지방 교육을 부흥시키려는 꿈을 품었다. 일방적으로 억압하고 통제하는 대신 음악을 통해 교감하고 교화하는 선도善導의 한 방법을 모색해본 것인데, 그것은 기대 이상의 효과를 거두어 모범적인 정치의 한 전형으로 인식되었다. 이른바 현가지치絃歌之治이다.

우리나라 정읍시에 있는 무성서원武城書院의 현가루絃歌樓

부드러움 속에 갈무려진 단정한 리더십

자유가 부드러운 성격의 소유자라고 하여 우유부단하고 뒤가 무른 인물은 아니었다. 그 자신 공사의 구분이 매우 분명했으며, 다른 사람을 사귈 때도 또한 단정한 사람을 좋아했다.

역시 공자가 무성을 찾았을 때의 일이다. 수령이 된 제자를 보며 공자는 혹 이 고을에 괜찮은 인물이 있더냐고 슬며시 물은 일이 있다. 거론하는 인물을 통해 제자의 봉직 태도와 사람 보는 안목을 가늠해보려는 의도였다. 스승의 질문을 들은 자유는 조금도 망설이지 않고 이렇게 대답했다.

> 담대멸명이라는 이가 있습니다. 길을 다닐 적에는 샛길로 다니지 않고, 공무가 아니면 저의 집무실에 찾아온 적이 없습니다.
>
> 有澹臺滅明者. 行不由徑, 非公事, 未嘗至於偃之室也.

샛길로 다니지 않는다는 것은 평소 몸가짐의 문제이겠지만, 그러한 몸가짐은 편법을 멀리하는 성격의 소유자임을 암시한다. 공무가 아니면 집무실에 찾아온 적이 없다는 말도 마찬가지이다. 사사로운 청탁이나 부정한 협잡을 멀리하는 성격의 소유자라는 뜻이다. 둘 모두 담대멸명의 사람됨을 약여하게 짚은 말이요, 동시에 그런 유형의 사람을 유심히 보아 아낄 줄 아는 자유의 성품을 보여주는 말이기도 하다. 젊은 제자 자유는 부드러움 속에 단정한 리더십을 갈무린 강단 있는 수령이었다.

13장 유약有若

공자를 닮으려 노력한 어린 제자

공자와 닮은 제자, 시기 어린 전설

자는 자유子有, 흔히 유자有子라 불린다. 태산 아래 비성肥城에서 태어난 사람이다. 증삼과 함께 가장 늦은 시기에 학단으로 들어온 후기 제자이다. 유약은 그 명성에 비해 실제 『논어』에 이름이 나온 횟수가 단지 4회뿐으로 극히 적다. 그나마 공자와 직접 말한 것은 단 하나도 없다. 그는 '같다'若라는 그의 이름처럼 공자를 빼닮았던 모양인데, 대략 이런 이야기가 전한다.

공자와 유약

유약의 모습이 공자와 닮아 제자들이 모두 그를 받들어 스승으로 삼았다. 어느 날 어떤 제자가 유약에게 물었다.

"예전에 공자는 필성畢星에 달이 걸려 있는 것을 보고 비가 올 줄을 알았습니다. 그런데 지금 달이 필성에 걸려 있는

데도 비가 오지 않고 있습니다. 공자는 당시에 비가 올 줄을 어떻게 미리 아셨던 걸까요?"

이 물음에 유약은 입을 떼지 못하였다. 그러자 제자들이 말했다.

"유자여! 자리를 비키시오. 이 자리는 당신의 자리가 아니외다."

『사기』에 기록된 이런 류의 전설을 어떻게 받아들여야 할지 때로 당혹스럽다. 필성畢星은 가을 별자리로, 이 별이 뜰 무렵 가을 장마가 지는 모양이다. 다소 억지스럽지만 『사기』의 이야기를 기상학적 지식과 연결하여 이해해보자면 공자의 예언은 가을장마가 질 것을 말한 정도라 하겠다. 슈퍼컴퓨터로 기상을 관측하는 오늘날에도 장마철 오락가락하는 비를 정확히 예측하기 어렵다. 아무리 공자라 한들 어찌 알겠는가.

공자는 예단도 억측도 하지 않고, 초자연적인 일이나 기적과 같은 일들을 아예 입에 올리지 않은 사람이었다. 그리고 제자들은 지극히 이성적이고 합리적인 그 사유를 열렬히 지지하고 따랐다. 이러한 학단의 학풍으로 볼 때 이 이야기 역시 꾸며진 것임이 틀림없다. 스승을 존경하여 스승의 모든 것을 배우려 노력한 제자, 그리하여 마침내 스승과 지독히도 닮았던 젊은 제자를 향한 시기 어린 전설이다.

유약의 입을 통해 처음 등장하는 인仁

악의적으로 꾸며진 전설이라 하더라도 그 속에는 반드시 진실의 일면이 있다. 유약의 몸가짐과 말투, 그리고 사유와 학문적 지향이 끝내 공자와 매우 닮았다는 사실이다.

공자와 빼닮은 유약의 모습은 태생적으로 비슷한 기질 때문이기도 하겠지만, 무엇보다 후천적으로 쉼 없이 학습한 결과로 여겨진다. 어린 제자가 스승의 학문과 인품에 깊이 감화되면 스승의 말투와 몸가짐을 똑같이 모방하여 배우는 예는 지금도 발견하기 어려운 일이 아니다. 저 주자도 '배움은 모방'學之爲言效이라고 정의한 적이 있지 않던가.

> 군자는 근본에 힘쓰니, 근본이 확립되면 도덕이 생기기 마련이다. 효도와 공경은 아마 인을 행하는 근본일 것이다.
>
> 君子務本, 本立而道生. 孝弟也者, 其爲仁之本與.

어딘가 공자의 체취가 물씬 풍기는 이 점잖은 말은 그러나 유약이 한 것이다. 위상도 대단하여 『논어』의 두 번째에 실려 있다. 이 짧은 말에 군자, 근본, 도덕, 효도, 공경, 인仁 등 공자가 입에 달고 살던 말들이 총출동하였다. 특히 인仁은 공자 학문의 핵심 중 핵심 키워드인데, 이 중요한 말이 유약의 입을 통해서 『논어』에 처음 등장한다. 유약의 학문은 거의 완벽한 공자 학문의 카피 버전이다.

풍요로움은 백성과 함께

세금과 국가재정에 관한 철학도 공자를 고스란히 계승한 것처럼 보인다. 젊은 군주 애공은 유약에게 조세정책에 대해 자문한 일이 있다. 이때 유약은 주저 없이 감세를 권했다. 예상 밖의 대답을 들은 애공은 더 걷어도 모자랄 판에 감세가 무슨 말이냐고 자못 불편한 심기를 내비쳤다. 자신이 자문한 의도를 정말 모르겠느냐는 은근한 종용이었다. 그러자 유약은 말했다.

> 백성이 풍족하면 임금께서는 누구와 부족하겠습니까. 백성이 풍요롭지 못하면 임금께서는 누구와 풍족하시겠습니까.
>
> 百姓足, 君孰與不足? 百姓不足, 君孰與足?

족식足食·족병足兵·민신民信의 철학을 제자들에게 가르쳤던 공자는 임금의 곳간을 채우는 일보다 백성들의 삶이 풍요로워지는 것에 더 관심이 많았다. 그것과 가장 밀접하게 관계된 정책은 세금이다. 공자가 세제 개악을 단행한 제자 염유를 파문했던 것도 이 때문이다. '풍요로움은 백성과 함께'라는 유약의 저 말은 결국 공자가 내세운 인정仁政에 다름 아닌바, 그는 그저 공자의 겉모습만 닮은 사이비 추종자가 아니었다.

14장 자하子夏

시인의 감수성, 근사近思의 철학

하늘과 땅이라는 그 이름

자하의 이름은 복상卜商으로 위衛나라 사람이며, 자유와 함께 사과四科 중 문학에 이름을 올렸다. 자하의 이름은 조금 재미있다. 이름은 은殷나라의 전신인 상商이고, 자는 하夏나라의 국명과 같다. 자하의 이름과 자를 두고 『설원』에서는 상商의 의미를 상常으로 보아 영원불변의 하늘이란 의미로 해석하였고, 하夏의 의미를 대大로 보아 광대무변의 땅이란 의미로 해석하였다. 『설원』의 해석대로라면 자하의 이름과 자는 하늘과 땅 곧 천지天地를 의미한다. 이랬든 저랬든 참으로 어마어마한 이름이다.

위衛나라에서 만난 가난한 제자

자하는 15세 전후의 어느 시기에 위나라에 머무르며 정계 진출을 모색하던 공자를 찾아뵙고 학단의 일원이 되었다. 앳된 티가 가시지 않은 소년 시절부터 예순을 바라보는 노스승을 따라 송나라와 초나라 등지를 함께 다녀오고 진陳나라와 채蔡나라 일대에서 함께 고생하였다.

자하 역시 빈천한 가문 출신이었다. 『순자』에 '자하는 가난하여 누더기를 걸쳤다'고 소개했을 정도로 안연과 비슷한 하층계급

출신이다. 우리나라의 도올 김용옥은 자하의 성씨가 '복'卜인 것에 착안하여 무속과 관련된 집안 출신일 것이라고 추정하였다. 재미있는 추측인데, 도올의 이 견해 역시 자하의 출신이 극도로 비천했던 것을 암시한다.

빈천한 집안에서 자라나 극도로 곤궁하던 시절의 공자를 따라다녔으니 자하에게 가난은 숙명이었다. 그러나 몸은 고단했지만 마음은 반듯하고 개끗하였다. 자하의 반듯함과 깨끗함은 사람을 사귀는 태도에서 가장 선명하게 드러난다. 자하는 이렇게 말한다.

> 사귈만한 자는 사귀고, 사귀어서는 안 될 자는 거절하라.
>
> 可者與之, 其不可者拒之.

명료하고 단호하기 이를 데 없는 태도요 몸가짐이다. 이런 성정의 사람이 춘추의 난세에 누구를 사귀겠는가. 자하가 공자의 학단에 들어온 것은 어쩌면 정해진 일이었다.

자잘한 선비, 큰 선비

자하는 매우 근후하고 성실한 사람이다. 미녀를 좋아하듯 현자를 존경하고자 했고, 또 허물을 변명하거나 합리화하는 못난 사람을 경멸하였다. 이런 자하의 삶의 태도는 그의 교육철학에까지 영향을 미쳐 뒷날 자하의 제자들은 생활 예절과 규범을 지키는 일에 특히 뛰어나다는 평가를 받았다.

삶의 전반에서 시종일관 유지했던 자하의 그 유난한 성실함과 반듯함은 빈천했던 그의 출신과 일정한 연관이 있어 보인다. 가난한 집안 출신의 학자가 몸가짐과 처신에 유난히 조심하는 예는 지금도 발견하기 어렵지 않다. 출신이 번듯하지 않은 사람에게는 언제나 뒷말이 많다는 것을 경험으로 알고 있는 데다 자신 역시 내세울 것이 실력과 도덕성이란 걸 누구보다 잘 알고 있기 때문이다.

실용을 지향하는 학문도 이런 관점에서 이해할 수 있다. 자하는 비현실적인 이상주의자나 거창한 무엇을 꿈꾸는 몽상가와는 거리가 멀었다. 그에게 학문은 장인이 집기나 도구를 만드는 일과 크게 다르지 않았다. 쓰임새가 분명하고 실체가 뚜렷한 사상이나 윤리를 확립하는 것이 곧 그에게는 지식인의 책무였다. 어떤 의미에서 학문은 일종의 신성한 노동 행위였다.

과도하게 신중한 태도는 종종 소심함으로 이어져 자신의 역량을 온전히 발휘하지 못하게 한다. 소극적이거나 규모가 작은 사람이 되기에 십상이다. 또 지나친 엄숙주의나 형식주의로 흐를 소지도 다소 있다. 이 때문에 공자는 자하에게 애정 어린 당부를 하곤 했다.

> 너는 자잘한 선비가 되지 말고 부디 큰 선비가 되거라.
>
> 女爲君子儒, 無爲小人儒.

시를 좋아한 휴머니스트

규모가 작은 사람이 흔히 가지는 단점은 급한 성격과 작은 이익에 연연하는 것인데, 거보莒父의 읍재로 있던 시절을 보면 자하 역시 얼마 정도 이런 단점을 가지고 있었다. 그러나 자하는 성과에 연연하여 효율만 따지는 자잘한 행정가는 아니었다. 그가 정말로 깊은 관심과 재능을 보인 것은 문학 방면이다. 『역』과 『예기』에도 조예가 깊었던 자하는 문학으로 사과에 이름을 올린 사람답게 『시』詩에 밝았다. 한번은 『시』를 읽다가 공자에게 여쭈었다.

"'고운 웃음 어여쁘고, 아름다운 눈동자 선명하네. 흰 비단으로 채색을 한다네.'라고 노래한 시가 있습니다. 무슨 뜻입니까?"

"캔버스가 깨끗해야 좋은 그림을 그릴 수 있다는 뜻이다."

"본질이 먼저라는 뜻이군요."

子夏問曰: "巧笑倩兮, 美目盼兮, 素以爲絢兮. 何謂也?"
子曰: "繪事後素." 曰: "禮後乎!"

시의 앞의 두 구절과 마지막 구절 사이의 맥락을 이해하지 못하는 제자의 물음에 공자는 다소 생뚱맞은 대답을 하였다. 그러나 문학에 날카로운 감수성을 지녔던 자하는 공자의 해석을 듣는 즉시 이해했다. 그리고 '피부가 깨끗하고 얼굴이 고운 사람이 화장을 하면 더욱 아름답듯이 마음이 반듯한 선비가 예를 갖추면 더욱 품격이 있다는 의미가 아니냐'고 되물었다. 대답을 들은 공자는 몹시 기뻐 감탄했다. "자하는 나를 각성시키고 분발시키는구나."

시를 좋아한 섬세한 감수성은 다른 사람을 대할 때에도 드러났다. 벗과 사귈 때 끊고 맺음이 분명했던 것도 사실이지만 좋은 벗에게는 더없이 자상했다. 벗 사마우가 세상 사람들은 누구나 형제가 있건만 자신만 유독 없노라고 한탄하며 슬퍼할 때, 자하는 그의 등을 두드리며 온 천하 사람이 모두 형제라며 따뜻하게 위로해 주었다. 그는 주변 사람들의 마음을 따듯하게 보듬는 휴머니스트이기도 했다.

근사近思 철학의 비조

동아시아 사상계에서 유가와 오랫동안 대립하거나 경쟁해온 사상이 적지 않지만, 노장은 그중에서도 가장 치열하게 대결한 학파 중 하나이다. 유가는 지나치게 비현실적인 이상만을 추구하는 노장에 대해 알맹이 없는 빈껍데기 학문 곧 허학虛學이라 몰아세웠다. 그리고 제 스스로 알맹이 학문으로 자처하여 실학임을 표방하였다.

유가가 노장사상을 비판하는 이유는 현실과 동떨어져 있다는 것이다. 동시에 유가는 자신들의 철학이 삶과 현실 문제에 대해 고민하는 것임을 늘 강조하였다. 실질을 숭상하는 그 사유야 물론 공자에게서 나온 것이지만, 이것을 간명하게 개념화하여 만들어 낸 것은 사실 자하이다.

> 절실하게 묻고 가까이서부터 생각하면 인仁은 그 가운데 있다.
>
> 切問而近思, 仁在其中矣.

현실과 자신에 대해 절실히 반성하고 고민하는 이러한 사유는 근후하고 성실한 자하의 사람됨을 그대로 닮은 것이다. 뒷날 절문근사切問近思라는 이 말은 유가의 핵심 개념으로 자리잡았는데, 특히 송나라 이후로는 내면 함양의 독특한 철학 체계를 형성하였다. 그리고 마침내 『근사록』이라는 제목의 책이 만들어져 성리학자들의 필독서가 되기에 이르렀다.

근사록

자하가 말한 절문근사를 훗날 성리학자들이 말한 절문근사와 같은 말이라고 보기는 여러 면에서 어렵다. 그러나 삶과 현실을 외면한 학문을 경계하고 실질을 중시한다는 그 사유의 바탕은 본질적으로 동일하다. 혹 자잘한 선비에 머물고 말지나 않을까 스승에게 걱정을 끼치던 자하. 그는 끝내 그 특유의 근후함과 성실함으로 유가 사상의 중핵 가운데 하나인 근사近思의 개념을 제출하고 그 철학의 비조가 되었다.

15장 자장子張

견위치명見危致命, 열혈남아의 선비 정신

자신감 넘치는 열혈남아

이름이 전손사顓孫師인 이 제자는 사과에 이름을 올리지 못했다. 그럼에도 맹자는 그를 자하, 자유와 함께 공자 학문의 핵심적인 한 국면을 계승하였다고 평가하였다.

자장

흔히 자장은 자하와 많이 대비된다. 나이도 비슷하고 학단에 들어온 시기도 비슷하며, 미천한 집안 출신에다 명석한 두뇌를 소유한 점도 비슷하다. 그러나 성격은 매우 판이하였다. 소심해 보일 정도로 신중했던 자하와 달리 자장은 때로 말과 행동에 거침이 없었다. 의욕 과잉으로 보일 정도로 자신감이 넘쳤으며 활달하다 못해 다소 격정적인 측면도 있었다.

때문에 자장은 남을 비방하는 말이나 감정적인 호소를 듣고 곧잘 분별력을 잃기도 하여 공자로부터 충고를 듣기도 했다. 또 어떤 사람을 좋아하거나 싫어하는 감정이 순식간에 뒤바뀌기도 하고, 그에 따라 대하는 태도가 극단적으로 바뀌기도 하여 공자에게 '그러다가는 진실한 사람은커녕 이상한 사람으로 취급받을 수 있다'는 꽤 뼈아픈 지적을 들어야 했다.

공자는 제자들을 평가하면서 자장을 두고 '편벽되다'辟라고 평가했다. 여기에 대해 마융馬融(79~166)은 괴팍하다는 의미로 해석하였고, 황식삼黃式三(1789~1862)은 뜻이 지나치게 크다는 의미로 해석하였다. 또 근대의 학자 양백준楊伯峻(1909~1992)은 극단적이고 과격하다는 의미로 해석하였다. 약간씩 다른 듯 하지만 사실 같은 맥락이다. 모두 저 격정적인 자하의 성격을 가리키는 말이다.

자장의 벗 증삼은 자장의 이런 태도에 신물이 나 "자신감이 지나친 자장이여. 함께 인仁을 실천하기는 어렵겠군." 하고 투덜거렸다. 자장은 자신에 대한 믿음이 확고한 사람의 전형인데, 그것이 너무 지나쳐 벗들까지 진절머리를 낸 것이다. 아마 젊은 날의 자장은 언제나 자신감으로 가득 찬 열혈남아가 아니었나 생각된다.

스승의 말씀을 허리띠에 적는 정성

말이 진실하고 미더우며 몸가짐이 독실하고 공경스러우면 언제 어디서든 자신의 이상을 행할 수 있단다. 자장아!

言忠信, 行篤敬, 雖蠻貊之邦行矣.

자신감은 대개 명민한 자질에서 기반하여 발로한다. 자장 또한 그렇다. 게다가 자장은 스승 에게 배울 때만큼은 누구보다 주의 깊고 성실했으며, 또 진취적이고 의욕적이었다. 자장에게는 일종의 출세욕이나 명예욕과 같은 저속한 욕망이 있었는데, 그런 마음마저 숨기지 않고 솔직하게 피력했다. 공자에게 행行에 관해 물은 것 역시 자장의 이러한 면모들을 잘 보여준다.

자신의 포부를 어떻게든 실현하고자 하는 의욕 충만한 이 제자에게 공자는 언제 어디서든 진실하고 공손하라고 대답해주었다. 교과서에 나오는 정답 같은 말이다. 이런 유의 말은 너무나 공자님다운 것이라 평소에도 귀가 따갑게 들었을 법 하건만, 자장은 감복하여 듣는 즉시 허리띠에다 받아 적었다. 그만큼 자장은 진심이었다.

허리띠에 스승의 말씀을 받아 적는 정성 그대로 자장은 공자의 모든 언행 하나하나를 주의 깊게 살펴 배우려 하였다. 공자가 악사 면冕을 맞이할 때도 그랬다. 공자는 눈이 먼 면冕을 위해 계단을 안내하고 자리를 안내하고 참석자 모두를 하나하나 소개하여 조금도 불편함 없이 모셨다. 이런 스승의 모습을 자장은 하나하나 성실하게 배웠다.

나라 앞에 목숨을 바치는 선비의 의리

자장에게는 얼마간의 단점도 있었지만 장점도 적지 않았다. 활달한 성격만큼이나 친화력도 좋아 스승과 벗들로부터 충고를 받아도 서운해하지 않고 겸허하게 받아들여 성장의 밑거름으로 삼았다. 내가 진정으로 큰 인물이라면 누군들 받아들이지 못하겠는가 하는 생각으로 벗들을 대하였다. 그리고 마침내는 후학들로부터 '옛날에 사귐을 잘 하였던 분'古之善交者이란 칭송을 들었다.

벗과 스승에 대해 믿음이 확고했던 자장이 유가 사상의 형성과 발전에 기여한 것 중 가장 큰 것은 의리 정신과 관련한 부분이다. 격정적인 호소를 듣고 분별력을 잃는 면모는 조금 달리 생각하면 남의 사정에 공감을 잘하는 장점이 될 때도 있다. 자장에게는 격정적이지만 사나이다운 호협한 일면이 있었던 것인데, 이 때문에 자유가 "내 벗 자장은 남이 하기 어려운 것을 곧잘 해낸다." 하고 칭찬하기도 했다.

이런 성향은 그 특유의 의리관을 만들어내었다. 자신의 호협한 성격을 품격 있게 가다듬어 의를 중시하는 독특한 선비 정신으로 만든 것이다.

> 위태로움을 보면 목숨을 바치고, 이익을 보면 의리를 생각하라
>
> 見危致命, 見得思義.

안중근安重根 의사가 반사적으로 떠오르는 명구이다. 하지만 굳이 안중근 의사가 아니라 하더라도 저 여덟 글자가 발하는 서슬 푸른 기개는 너무나 강렬하다. 그래서인지 자장의 이 한 마디는

동아시아 선비들에게 깊은 영향을 미쳤고, 접질려진 역사의 고비마다 강개한 열사들의 행동 강령이 되었다.

이 말은 본래 공자가 자로에게 성인成人[8]의 의미에 대해 설명해준 것인데, 뒤에 자장이 약간 고쳐 선비의 의리 정신으로 세우고 자신의 좌우명처럼 삼은 듯하다. 편벽되다고 나무람을 받던 제자였지만 쉼 없이 공자를 보고 배워 마침내 학단을 밝히는 찬란한 별 가운데 하나가 되었다.

---

8 성인成人: 지성과 도덕, 의리와 용기를 균형 있게 갖춘 완성된 인격의 소유자라는 뜻이다.

16장 증삼曾參

학단의 막내, 공자의 적통자

노년의 제자

증삼 역시 매우 늦게 학단에 들어간 제자이다. 『논어』에는 증삼과 관련된 기록이 모두 14회 나온다. 이중 공자가 증삼과 대화를 나눈 것이 1회, 공자가 증삼에 대해서 평가한 것이 1회이다. 나머지 12회는 모두 증삼의 말이고, 대개 제자들을 가르치는 스승의 말투이다. 이런 흔적들은 그가 학단의 중심 인물로 부각된 것이 공자 사후부터였다는 것을 시사한다.

증삼

증삼이 학단에 들어간 것은 공자가 노나라로 돌아온 68세 되던 무렵이었다. 늙은 스승에게 직접 배우기도 했겠지만, 학단의 선배들을 통해 배우는 것도 적지 않았으리라 짐작된다. 그는 "육

척六尺의 어린 임금[9]을 맡길 만하고, 백리百里의 작은 나라를 부탁할 만하며, 대절大節에 임해서 그 신념을 빼앗을 수 없다면 군자다운 사람일 것이다."라고 한 일이 있다. 이러한 기상의 군자를 『논어』에서 찾아본다면 의리의 화신 자로의 모습 그대로다.

죽을 때 대자리를 바꾸어 깔아 선비의 이름을 잃지 않으려 했던 일 역시 칼날에 목이 떨어지면서도 끝내 갓을 바로잡으며 품위를 잃지 않으려 했던 자로의 정신과 다르지 않다. 뒤에 증삼의 아들 증서曾西가 자로를 두고 '우리 선친께서 두려워하신 분'이라고 평가한 일이 있는데, 젊은 시절 증삼이 자로를 대단히 존경하였다는 증언이다.

둔한 사람

많은 선배들에게 영향을 받았겠지만, 그중에서도 증삼이 특히 존경하여 롤모델로 삼은 선배가 있다면 학단의 수제자 안연이 아니었을까. 스승의 총애를 한 몸에 받고 있던 장년의 사내. 혹 바보가 아닐까 의심받을 정도로 말이 없던 선배. 하나를 들으면 열을 아는 명석함에 자상하면서도 범접하기 어려운 카리스마를 지닌 학단의 전설.

---

9 육척六尺의 어린 임금: 1척尺의 길이는 시대마다 달라 그 단위를 일률적으로 말하기는 어렵지만 여기서는 대략 20cm정도로 본다. 육척의 어린 임금은 키가 120cm정도 되는, 다시 말해 나이 열 살 정도 되는 철부지 임금을 말한다.

공자는 증삼을 둔하다고 한 일이 있다. 증삼에게 안연과 같은 '문일지십'聞一知十의 천재성이 있었는지는 알 수 없지만, 그런 천재성이 없다고 곧장 미욱한 아둔패기라고 할 수는 없다. 그가 노력형 인물임에 가깝다는 것은 여러 곳에서 감지된다. 그러나 그것이 꼭 그가 둔재임을 증언하는 것은 아니다.

> 선비는 도량이 넓고 뜻이 굳세지 않으면 안 된다. 책임이 무겁고 길이 멀기 때문이다.
>
> 士不可以不弘毅, 任重而道遠.

사士에 대한 엄중한 자임 의식을 담은 이 한 마디는 증삼이란 사람의 크기가 범상치 않음을 드러낸다. 그렇다면 '둔하다'魯는 것은 곧 끊임없이 반성하고 노력했던 증삼의 모습을 칭찬한 말이라 해야 한다. 공자가 안연의 유난한 순응을 두고 '바보'愚라고 했던 것과 유사한 맥락이다.

일이관지一以貫之와 충서忠恕

> "삼아! 나의 도道는 하나로 꿰어 있다."
>
> "예."
>
> 공자가 나가고 나서 문인이 무슨 의미냐고 물었다. 그러자 증자가 말했다.

"선생님의 도는 오직 충忠과 서恕이다."

子曰: "參乎! 吾道一以貫之." 曾子曰: "唯."

子出, 門人問曰: "何謂也?" 曾子曰: "夫子之道, 忠恕而已矣."

공자는 자신의 학문과 사유에 대해 '일이관지'一以貫之[10]라는 말로 제자를 깨우친 적이 두 차례 있는데, 한 번은 자공이었고 또 한 번은 증삼이었다. 둘 사이에는 미묘한 차이가 있다. 자공에게는 공자가 자신의 학문을 이해하지 못하는 답답한 제자에게 일러주는 것처럼 말하였고, 증삼에게는 어느 날 갑자기 도통道統의 묘결을 전해주는 것처럼 말하였다. 마치 불교에서 교외법教外法[11]을 전할 때와 같은 분위기이다.

증삼에게 일이관지一以貫之를 말해준 이 대목은 많은 학자들로부터 위작이라는 의심을 받아왔다. 자공에게 일러준 말과 너무 흡사하기 때문이다. 만약 후대의 위작이 아니라면 증삼은 어떻게 일이관지의 의미를 단번에 알아챌 수 있었을까. 공자의 학문이 선가禪家의 깨달음처럼 전해질 수 있는 성질의 것이 아닌 바에야 이 부분은 아무래도 얼마간의 해명이 필요해 보인다.

---

10 일이관지一以貫之: 하나의 이치로 모든 일을 꿴다는 뜻이다. 공자가 자신의 사유와 철학이 지니는 일관성에 대해 표현한 말이다.

11 교외법教外法: 언어나 교리로 전할 수 없는 참된 진리를 말한다.

위작이 아니라면 증삼이 자공에게 들었을 것으로 추측한다. 공자는 자공에게 서恕에 대해 두어 차례 깨우쳐준 적이 있다. 충忠은 개인의 내면적 덕성이므로 서恕의 전제가 된다. 서恕 안에 자연스레 포함되어 있다는 뜻이다. 그렇다면 자공에게 해준 공자의 말들이란 결국 모두 충忠·서恕를 말한 것이다. 증삼의 일이관지장에 제시된 질문과 해답이 모두 자공과의 대화에서 찾아진다.

노스승이 툭 던진 말에 증삼이 곧바로 '예!'라고 대답할 수 있었던 것은 어느 날 활연히 도를 깨달아서가 아니다. 서恕와 일관一貫에 관한 공자의 철학을 어떤 계기로 선배 자공에게 들은 이후, 그것을 깊이 이해하여 체득하려 부단히 애쓴 결과이다.

대장부와 좀생이, 진실과 전설의 사이

『논어』에 나오는 증삼의 말은 거의 사士의 전형에 가까운 것들이다. 『맹자』에도 스스로 돌아보아 곧으면 천만 사람 앞에도 나설 수 있는 용기를 지닌 대장부 증삼이 그려져 있다. 증삼은 꽤나 대장부다운 의기가 있었던 제자였던 것이다.

그러나 이상하게도 몇몇 전설에 남은 증삼의 모습은 우리의 예상과 사뭇 다른 듯하다. 증삼이 무성에 돌아와 학단을 이끌고 있을 때 월나라의 군대가 무성을 공격한 일이 있다. 증삼은 적군이 들이닥치기 전에 "내 집에 피난민들이 들어와 정원의 꽃과 나무들을 훼손하는 일이 없도록 하라."고 다짐을 받아 두고 남들 먼저 무성을 떠났다.

사람들의 실망은 이만저만이 아니었다. 그도 그럴 것이 얼마나 극진한 존경이요 대접이었던가? 그런데 백성들을 걱정해주지는 못할망정 전란의 와중에 화단의 꽃나무를 먼저 걱정하고 있다니. 집안에 화재가 났을 때 사람만 걱정할 뿐 끝내 말이 다친 것에 대해서는 묻지 않았던 공자의 모습을 생각한다면 증삼과 같은 처신을 상상이나 할 수 있겠는가? 그런데 적통을 이었다고 평가받는 제자에게서 이토록이나 무정한 말이 나오다니.

『맹자』에 기록된 이 전설 외에도 증삼이란 인물을 근본부터 의심케 하는 이야기는 꽤 많다. 최술은 이를 악의적인 날조라고 했다. 증삼은 공자의 적통자로 평가받는 인물이므로 그 상징성이 대단하다. 만약 유가를 중상하려는 사람이나 학파가 있다면, 그들에게는 증삼에 관한 악의적인 말을 지어내어 퍼트림으로써 유가가 중시하는 예와 효를 조롱하는 것만큼 손쉽고 효과적인 방법도 드물었으리라. 최술의 지적은 확실히 날카롭다.

예와 효, 그리고 『대학』

후기 제자 그룹에서 중요한 위치를 차지했던 증삼은 특히 예와 효의 정신을 계승하여 부각시켰다. 증삼은 『예기』에 가장 많이 등장하는 공자의 제자 중 한 사람인데, 「증자문」曾子問이라는 편이 따로 마련되어 있을 정도로 다른 제자들에 비해 비중이 각별하다.

「증자문」의 내용은 주로 '예외 규정'不常有而或然者에 관한 것들로, 여기에 실린 공자와의 문답을 곧장 진실이라고 받아들이기는 어렵다. 후대 유가가 『예기』를 보완하는 과정에서 자신들의 작업에 권위를 부여하기 위해 공자와 증삼의 이름을 빌린 것으로 보는 편이 합리적일 것이다. 하지만 많은 제자들 가운데 굳이 증삼을 택한 것은 증삼이 예학의 권위자였기 때문인데, 그것은 『효경』의 경우도 마찬가지이다.

증삼의 학문은 앞서 이야기한 충忠·서恕를 빠뜨릴 수 없다. 충忠(내면의 진실함)과 서恕(타인에 대한 존중과 배려)는 인仁의 내면과 외면이다. 증삼의 사상이 오롯이 담긴 저술은 『대학』이다. 『대학』은 주지하다시피 유가 정치의 이상을 도식화해 놓은 책인데, 전체 내용이 수기修己(내면 함양)와 치인治人(사람 대하기)으로 이루어져 있다. 『대학』의 내용을 충서와 짝지어 보면 충은 수기, 서는 치인으로 연결하여 이해할 수 있다.

이 충서의 철학은 『대학』에서 혈구지도絜矩之道라는 개념으로 구체화 된다. 내 마음을 가지고 타인의 마음을 헤아린다는 뜻의 혈구지도는 위정자가 자신의 욕구를 가지고 백성의 욕구를 이해하고 그를 바탕으로 평천하의 정치 이상을 구현한다는 사상이다. 『대학』의 전문 제10장은 온통 이 내용으로 채워져 있다. 말하자면 공자의 박시제중博施濟衆이요 맹자의 여민동락與民同樂이다. 공자 - 증삼 - 맹자로 이어지는 유가의 학통이 한눈에 뚜렷하다.

17장 염유冉有

계씨의 가신, 파문당한 제자

타고난 총명함, 유약한 마음씨

이름은 염구冉求, 자는 염유冉有이다. 사과四科 가운데 자로와 함께 정사政事에 이름을 올렸으며 『논어』에 16회 등장한다. 학단에서 차지하는 위상을 충분히 짐작할 만한데, 『논어』에서 제자들의 말을 기록할 때 자字를 쓰는 관례에서 벗어나 '염구왈'冉求曰이라고 이름을 노출한 사례가 발견된다. 무언가 심상찮다.

염유는 민첩하고 재주가 있는 데다 부드럽고 온화한 성품의 소유자다. 정치적 감각이 남달랐고 상황 변화에 대한 대처능력이 매우 뛰어났다. 이 장점은 염유에게 도리어 독이 되었다. 유약하고 뒤가 무른 천성 때문이다.

영리한 데다 정치에 감각이 있어 일찍부터 계씨季氏를 비롯해 노나라 실세들로부터 주목을 받았고, 유연한 성격으로 벼슬길에서 정적을 만드는 실수도 범하지 않았다. 그러나 뒤가 물렀기 때문에 계씨의 부정과 횡포를 바로잡거나 견제하지 못하였다. 그러기는커녕 오히려 비위를 맞추는 쪽으로 자신의 재능을 사용했다. 총명함과 타고난 재능이 유약한 천성과 결합 되면서 염유를 나쁜 방향으로 성장시켰던 모양이다.

직언을 할 수 있는 용기나 어떤 고난에도 꺾이지 않는 꿋꿋함,

또는 신뢰를 바탕으로 한 변치 않는 의리. 이런 미덕들은 염유에게서 찾기 어렵다. 자로의 오랜 벗으로 둘이 함께 공자를 모시고 다닌 세월 역시 짧지 않았으며, 나란히 사과에서 정사에 이름을 올렸음에도 염유와 자로는 거의 모든 면에서 상반되는 성격을 지녔다.

공자의 제자와 계씨의 가신 사이

> 계씨가 태산에 제사를 지냈다. 공자가 염유에게 말했다.
> "네가 말릴 수 없겠느냐?"
> "할 수 없습니다."
> 季氏旅於泰山. 子謂冉有曰: "女弗能救與?" 對曰: "不能."

계씨가는 누대에 걸쳐 노나라 임금보다 강한 권력을 행사하였다. 오만해진 계씨는 태산에 제사를 지냈다. 태산의 제사는 오직 천자만이 올릴 수 있는 제사였다. 그런데 패권국의 제후도 아닌 약소국의 일개 대부가에서 천자만이 지낼 수 있는 태산의 제사를 지냈으니, 철저한 계급사회였던 당시로서는 이만저만한 큰일이 아니었다.

공자는 계씨의 무례한 월권행위를 꼬집으며 염유에게 말려보기를 권유한 일이 몇 차례 있었다. 그때마다 염유는 번번이 사양하거나, 자신과는 무관한 일이라 발뺌하기에 급급했다. 무엇이 옳은 것인지 보다 무엇이 자신을 거북하지 않게 하는지를 염유는 빨리 판단했으며, 언제나 냉정하게 계산하여 유리한 쪽을 선택하였다.

염유는 어느 정도의 권력을 갖게 되자 학단의 후배들에게 사사로운 은혜를 베풀어 환심을 사려했다. 염유의 행동이 언짢았던 공자가 몇 번이나 따끔하게 질책하였지만, 염유는 그다지 개의치 않았다. 게다가 몰래 계씨가의 정책 회의에 참석하고는 그것이 노나라의 공적인 정무 회의였노라고 변명하기까지 하였다. 계씨의 가신이 된 이후 염유는 공자의 제자이기보다 계씨의 사람이었다.

힘이 부족하다는 핑계

노나라 안에는 전유顓臾라는 나라가 있었다. 나라라고는 하지만 완비된 정치 기능과 넓은 국토를 지닌 어엿한 국가라고 하기는 어렵고 독립성이 보장된 일종의 종교 도시이다. 그런데 이 전유라는 도시가 독립적인 국가의 지위를 유지하는 것에 계씨는 불만이 있었고, 기어이 병합하려 하였다.

그런데 계씨가 강행하려는 이 불의한 전쟁을 염유는 막으려 하지 않았을 뿐 아니라 오히려 노나라의 안정과 번영을 위해 계씨의 결정이 불가피한 것임을 변호하며 공자를 설득하려 들었다. 화가 난 공자는 염유에게 역정을 내었다. "하고 싶어서 하는 일이 아니라고 발뺌하는 따위의 변명이 제일 역겹거든!"

거의 언제나 이런 식이었다. 염유가 스승의 정치 이상에 깊이 감동한 것은 사실이지만 뒤가 물렀던 그로서는 그것을 실천으로 옮기기에 벅찼다. 이 때문에 염유는 스승에게 일종의 마음의 빚을 느끼고 있었고, 거기에서 빚어지는 죄의식에 늘 힘겨워 했다.

"저는 선생님의 말씀이 너무 좋습니다. 하지만 힘이 부족합니다."

"힘이 부족하다는 건 걸어가다가 지치는 걸 두고 하는 말이지. 그런데 지금 너는 아예 시작조차 않는구나."

冉求曰: "非不說子之道, 力不足也."

子曰: "力不足者, 中道而廢. 今女畫."

스승의 기대와 시선이 힘에 겨웠던 염유는 스스로 역량이 모자라는 사람이라고 핑계를 대었다. 자신에게든 계씨에게든 한 번도 진심 어린 용기를 내보지 못한 겁쟁이가 뱉은 도피성 짙은 하소연이다. 공자는 자기 합리화에 급급한 제자의 이런 모습이 무척이나 못마땅해 호통쳤다. "시도조차 해보지 않는 비겁한 놈. 힘이 달린다고 핑계 대지 마라."

전무후무한 파문破門 소동

염유는 초기의 제자 가운데 한 사람으로 정치에 관한 공자의 철학을 가까이서 배웠다. 그러나 현실 정치에서 염유가 보인 행동은 공자에게서 배운 것과 정반대였다. 그러다가 결정적인 사건이

터졌다.

춘추시대까지 세금은 가호마다 부과하여 거두었다. 그런데 이 무렵 계강자는 자신의 창고를 채우기 위해 토지에도 세금을 부과하고 싶어 했다. 말하자면 주민세만 받던 조세제도를 뜯어고쳐 재산세까지 받아먹겠다는 의도였다. 염유는 계강자의 명을 받아 애공 12년 세제 개악을 단행하였다. 가혹하게 긁어 들인 세금은 계씨의 곳간을 더욱 부유하게 했다. 공자는 격노했다.

> 염유는 이제 우리 학단의 일원이 아니다. 제자들아. 북을 울려 성토해 마땅하다.
>
> 非吾徒也. 小子, 鳴鼓而攻之可也!

공자가 이렇게 격노한 것은 이때가 처음이다. 그러나 공자가 염유에게 완전히 실망한 것은 아니어서 끝내 희망의 끈을 놓지 않았다. 계씨가의 일원이었던 계자연季子然이 염유에 대해 물었을 때 공자는 그를 감싸 주었다. 적어도 염유를 춘추시대의 속물 정치인들과 같은 인간으로 보지는 않았던 모양이다.

> 부모와 군주를 시해하는 따위의 무도한 행위는 절대 따르지 않을 사람이오.
>
> 弑父與君, 亦不從也.

18장 재아宰我

명석한 반항아, 고마운 모난 돌

칭찬 한 번 들은 적 없는 반항아

이름은 재여宰予, 자는 자아子我로 흔히 재아라 불린다. 이 제자 역시 『논어』에 남은 기록으로 보자면 공자에게 단 한 번도 칭찬을 받은 일이 없다. 아니 꾸지람만 받은 지청구꾸러기이다. 재아는 낮잠을 자다가 호된 꾸지람을 받은 일이 있다. 공자는 그때 '썩은 나무나 더러운 흙처럼 도저히 손을 써볼 수 없는 구제 불능'이라고 일갈하였다. 공자의 평소 말투에 비추어 보면 매우 이례적이고 신랄한 핀잔이다.

썩은 나무라는 말이 주는 어감 때문에 사람들은 흔히 재아를 열등한 자질에 게으르고 미련한 제자로 생각한다. 이 오해는 재고해볼 여지가 없지 않다. 맹자는 재아를 두고 '자공子貢, 유약有若과 함께 성인의 진면모를 알 수 있는 지혜를 가졌던 분'이라고 높이 평가한 적이 있다. 공자 학단의 면면에 대해 비교적 소상히 알고 있었던 맹자의 이 증언에 우리는 귀 기울일 필요가 있다.

그의 명민함은 학단의 수재인 자공에 버금갈 정도였다. 둘은 사과四科 가운데 '언어'에 이름을 올렸는데, 사과의 '언어'는 단순히 말을 번드레하게 잘한다는 뜻이 아니다. 정치, 그 가운데서도 특히 외교와 협상에 뛰어나다는 의미이다. 열등하고 게으른 미련

통이가 받을 수 있는 평가가 결코 아니다.

재아에게는 명석한 두뇌의 소유자들이 흔히 가지고 있는 엉뚱함이 있었다. 굳어진 관행 또는 관습화된 사유에 대한 모종의 반항심도 있었다. 재아가 공자에게 꾸지람을 받은 것은 스승의 말뜻을 이해하지 못하거나 자질이 모자라서가 아니다. 오히려 많은 경우 지나치게 앞서 나갔기 때문이다.

인仁에 대한 오해와 불신

언제나 호기심으로 반짝이는 눈을 가진 이 제자는 도덕 교과서와 같은 틀에 박힌 말들을 매우 따분해했다. 그는 공자의 가르침을 너무 물정 모르는 소리라고 생각해 스승을 곤란하게 할 질문들을 자주 했다. 특히 공자가 입에 달고 사는 '인'仁이나 '인자'仁者라는 말들이 딴엔 거슬렸던지 한 번은 스승 앞에서 당돌하게 대들었다.

> "선생님. 어진 자는 사람이 빠졌다는 소릴 들으면 우물 속이라도 들어가겠네요."
>
> "어찌 그렇겠느냐. 군자는 우물에 가게 할 수는 있어도 우물 속에 빠뜨릴 수는 없다. 합리적인 말로 속일 수는 있다만 터무니없는 말로 속일 수는 없단다."
>
> 宰我問曰: "仁者, 雖告之曰井有仁焉, 其從之也."
>
> 子曰: "何爲其然也? 君子可逝也, 不可陷也; 可欺也, 不可

罔也."

아마 재아는 공자가 말하는 어진 자를 '마음 약한 온정주의자'로 오해한 듯하다. 그래서 '딱한 처지에 빠진 사람을 위해서라면 제 죽을 줄도 모르고 뛰어드는 오지랖이'가 아니냐고 스승 앞에서 경박하게 조롱했다. "감성적 이상주의가 세상을 구할 수 있겠습니까? 선생님께서 말씀하시는 어진 자란 그저 착한 체하는 멍청이와 무엇이 다릅니까?"

그러나 공자가 말하는 인자仁者는 재아가 생각하는 것과 반대였다. 이성적으로 사태를 파악하고 구체적인 방책을 마련하여 도탄에 빠진 백성을 구하는 자가 어진 자요 인仁은 그 실천적 사상이다. 그래서 공자는 대답했다. 같이 우물 속에 뛰어드는 것은 그야말로 멍청이지 어진 자가 아니라고. 어진 자는 터무니없는 말로 속일 수 있는 사람이 아니라고.

비위를 맞추는 속물근성

재아에게는 약간의 속물근성도 있었다. 청년으로 성장한 애공이 사직社稷의 유래와 의미를 재아에게 물은 일이 있다. 사직은 나라를 상징하는 공간이다. 애공이 사직에 관심을 가지고 물은 것은 노나라 임금으로서 자기 권한을 되찾고자 하는 의지의 표명인바, 실로 그 의도가 심상찮다. 그때 재아는 이렇게 대답했다.

> 하나라는 사직단에 소나무를 심었고 은나라는 측백나무를 심었습니다. 우리 주나라는 밤나무를 심었는데, 이는 백성들을 벌벌 떨게 하기 위해서입니다.
>
> 夏后氏以松, 殷人以柏. 周人以栗, 曰使民戰栗.

사社는 토지신을 모신 사당이고, 직稷은 곡식신을 모신 사당이다. 모두 나라의 땅, 곧 '국토'와 관련이 있다. 그래서 사직에는 그 나라를 대표하는 흙을 쌓고, 그 위에 그 나라를 대표하는 나무를 심는다. 우리로 말하면 황토를 쌓고 소나무를 심는 것과 같다고 할 수 있다.

그런데 재아는 애공이 사직의 의미를 물었을 때 뜻밖의 견해를 덧붙였다. 주나라에서 밤나무를 심은 것에 대해 "밤나무 '율'栗자는 '전율'戰栗의 의미이므로 밤나무를 심은 이유는 백성을 벌벌 떨게 하려는 목적"이라고 부연한 것이다. 백성을 강력히 통제하고 억압하는 전제군주의 공포정치를 연상케 하는 해석이다.

공자와 학단의 제자들은 오래된 예와 전통에 대해 매우 밝았는데, 사직에 나무를 심는 이 오랜 문화전통의 의미를 재아가 몰랐다고 보기 어렵다. 그보다는 애공이 묻는 정치적 의도를 헤아려 대답해주었다고 보는 편이 설득력이 있다. '국가란 본래 백성을 통제하는 정치체제이고 통제의 권한은 전적으로 임금에게 있는 것'이라고 애공의 비위를 긁어준 것이다. 정치성 다분한 계산된 멘트다.

재아의 말을 전해들은 공자는 아연실색하여 “지나간 일이라 더이상 말하고 싶지 않구나.” 하고 힘없이 말했다. 제자의 영악한 속물근성에 그만 할 말을 잃은 것이다. 격노한 목소리가 아니기에 오히려 더욱 준열하다.

고마운 모난 돌

삼년상에 관한 일화는 재아라는 인물과 그가 생각하는 실용주의를 잘 보여준다. 삼년상은 부모가 돌아가시면 일체의 모든 사회적 행위를 중단하고 3년 동안 오직 추모에만 집중하는 오랜 동아시아의 전통이다. 효의 의미로든 정치적 의미로든 위정자에게 삼년상은 매우 중요했다. 하지만 종교인의 금욕수행보다 혹독한 생활을 추모의 이름 아래 3년이나 지속하는 것은 상상하기 힘들 정도로 견뎌내기 힘든 일이었다.

실용을 중시한 재아는 거의 사회적 금고나 다름없는 이 3년의 추모 행위가 지극히 쓸모없고 소모적인 의식이라고 생각했다. 그래서 공자에게 추모 기간으로써 3년은 너무 길다고 말하였다. 이 추모기간은 인간적으로도 가혹하거니와 임금과 대부가 삼년상을 예법대로 행한다면 백성과 나라꼴이 엉망이 될 것 아니냐는 것이 재아가 항변한 이유였다.

재아의 말이 꼭 틀린 것만은 아니다. 하지만 상례를 치르는 기간 동안 정말로 국정이 중단되는 일이 발생하는 것은 아니고 총재가 대신하였으며, 오히려 이 3년은 부왕을 잃은 임금이 대신들의 신임을 얻어내는 한편 흩어진 민심을 재결속하고 해이해진 기강을 일신하는 기회의 시간이기도 했다. 정작 재아에게 불만스러운 것은 긴 시간 동안 거친 음식과 거친 옷으로 지내야 하는 그 혹독한 생활이었다.

재아의 말을 들은 공자는 넌지시 물었다. "그래 너는 부모님을 산에 묻고 돌아와 쌀밥이 넘어가더냐. 비단옷이 편하더냐?" 그러자 특유의 반항기가 도진 재아는 맛있고 편했노라고 한마디로 잘라 말했다. 제자에게 완전히 실망한 공자는 '네가 편하다면 굳이 삼년상을 할 필요가 없다'고 하며 체념하였다. 그리고 돌아서서 이렇게 탄식했다.

> 자식이 태어나 3년이 지나서야 부모의 품을 벗어나기에 삼년상이 보편적인 예법이 된 것이다. 재여는 혹 부모에게 3년의 사랑을 못 받았던가?
>
> 子生三年, 然後免於父母之懷. 夫三年之喪, 天下之通喪也. 予也有三年之愛於其父母乎?

재아를 위해 변명해보자면 그는 부모의 죽음을 슬퍼하고 애도하는 것과 현실에서 일률적인 제도에 따라 슬픔을 표현하는 것은 별개라고 생각하고 있었던 것처럼 보인다. 부모를 잃은 마음이야 애달프기 그지없겠지만 그것을 표현하는 형식마저 굳이 획일적일 필요가 있을까. 제도가 요구하는 일정한 틀에 맞추어 슬픔과 그리움의 몸짓을 연출해야만 효자가 된다면 그것은 오히려 가식이나 위선이 아닐까.

재아의 말투와 행동에 유치하고 경박한 측면이 없지 않지만, 재아의 생각이 이해되지 않는 것도 아니다. 만약 공자가 아니었다면 삼년상의 의미를 누가 저토록 간단하고도 명료하게 설명해줄 수 있었을까. 또 공자의 말이 아니었다면 우리 역시 삼년상의 의미를 알기나 했을까. 설령 안다 한들 선불리 재아를 비웃을 수 있을까.

나는 때로 재아의 경박한 호기심이, 속물적인 실용주의가, 참을 수 없는 가벼운 반항기가 너무나 고맙다. 재아는 이름 그대로 자아自我가 강했던 사람이고, 또 그만큼 제 생각과 고집도 분명했다. 참지 못하고 불쑥 나서서 내가 궁금한 것을 묻다가 혹은 내가 하고 싶은 말을 하다가 나 대신 꾸지람을 들어주는 재아. 나같은 비겁한 거짓 모범생에겐 참으로 고마운 모난 돌이다.

제3부

동지와 라이벌:
벗과 열국의 사상가

소서小序

흔히 『논어』를 공자와 그의 제자들의 대화를 담은 책이라 소개하고들 있지만, 『논어』나 공자를 제대로 이해하기 위해 제자들만큼이나 중요한 사람들이 있다. 열국의 정치인 및 사상가들, 이른바 동지와 라이벌이다. 이들 가운데는 공자와 동시대 인물도 있고, 공자보다 약간 앞 시대를 살다 간 인물도 있다.
공자는 특별한 스승이 없었다고 한다. 요·순·우·탕이 스승이었고, 안연과 자로가 스승이었다고 할 수 있다. 그런 의미에서 공자의 성장에 큰 영향을 미친 사람들 모두가 그의 스승이요 벗이라 할 수 있는데, 여기에 소개하는 사람들은 그 중에도 특히 중요한 사람들이다.
『맹자』와 달리 『논어』에는 유가 외의 사상가들 곧 이학異學의 사상가들의 흔적이 뚜렷이 드러나 있지 않다. 그러나 지금 소개하는 사람들을 만나다 보면 노장과 법가 혹은 병가나 묵가류의 인물들이 『논어』에도 있었음을 알게 될 것이다. 공자는 이들과 만나 자극받기도 하고 성장하기도 했다. 이들을 대하는 모습에서 공자의 사유를 한결 섬세하고 다각적으로 이해할 수 있게 되리라 기대한다.

19장 원양原壤

대자유인과 밥도둑놈 사이

우리나라의 『논맹인물유취』論孟人物類聚에는 주나라 문왕의 열세 번째 아들 원백原伯의 후손이라 하였다. 하지만 선진시대 문헌 중에 그의 행적을 자세히 다룬 기록은 없고 단지 『예기』「단궁」檀弓에 공자의 친구로 소개되어 있다.

원양의 어머니가 돌아가셨을 때 공자는 벗으로서 달려가 널

삶의 이마

널판의 무늬

짜는 일을 도왔다. 널이 완성되자 원양은 나뭇결이 선명한 널짝 위에 올라가 "삵의 이마처럼 알룽달룽하고, 처녀의 손결마냥 매끄럽구나." 하고 노래하며 춤추었다고 한다. 어머니를 잃은 상주가 울기는커녕 널짝의 나뭇결이 달룽달룽 곱고 반질반질하다고 좋아 춤을 추다니.

이 이야기를 근거로 많은 학자들은 원양을 노장 계열의 인물로 추정한다. 주자 역시 '노장과 같은 부류의 사람으로, 예법이라곤 아랑곳하지 않는 대자유인'[1]이라고 하였고, 설응기의 『사서인물고』에서도 원양을 이학異學 편에 실어놓았다. 『예기』에 전하는 이야기가 믿을만한 기록이라면 원양은 노장 계열의 인물임이 거의 틀림없을 것이다.

공자는 자신과 전혀 다른 삶을 추구하는 이 벗과 매우 친하였다. 원양이 널 위에 올라가 노래를 부를 때 공자의 제자들은 어이없어 못마땅하게 여겼다. 그도 그럴 것이 제 어미의 시신을 모실 널짝 위에 올라가 춤을 추다니. 하지만 공자는 도리어 "벗이란 그저 벗의 도리를 잃지 않으면 그뿐"이라고 하며 아무렇지도 않은 듯 태연히 대하였다. 여간 친한 사이가 아니었던 것이다.

둘은 어릴 때부터 한마을에서 자란 벗이었기 때문에 어떤 농

---

1 예법이라곤 아랑곳하지 않는 대자유인: 주자 집주의 '自放於禮法之外者'란 말을 의역한 것이다. 직역을 하면 '예법 너머에서 자유로이 노니는 사람'이란 정도가 된다. 집주의 말이 꼭 호의적인 뉘앙스라곤 할 수는 면이 있는데, 여기서는 자못 호의적으로 의역한 것임을 밝혀둔다.

담도 스스럼없이 나누었는데, 『논어』에 실린 공자의 짧은 말에서 느껴지는 분위기도 그렇다.

> 원양이 다리를 쭈그리고 앉아 공자를 기다렸다. 이윽고 공자가 와서
>
> "어려서는 공손하지 못하고, 자라서는 칭찬할 만한 일이라곤 없고, 늙어서는 죽지도 않는구나. 에잇, 밥도둑놈."
>
> 하고는, 지팡이로 그의 정강이를 톡! 쳤다.
>
> 原壤夷俟. 子曰: "幼而不孫弟, 長而無述焉, 老而不死, 是爲賊!" 以杖叩其脛.

둘이 약속을 하였던 것일까. 아니면 원양의 집으로 공자가 놀러 갔던 것일까. 아무래도 좋다. 화면의 중앙에는 원양이 혼자 앉아 있고, 공자는 잠시 뒤 등장한다. 그런데 원양의 모습을 보라. 평상시 앉을 때 단정히 꿇어앉는 것이 동아시아의 오랜 예이다. 하지만 혼자 기다리는 원양은 경박하게 쭈그리고 앉아 있다. 많은 학자들이 이러한 원양의 모습에서 노장류 인물의 무례함을 이야기하곤 한다. 하지만 예의 숭배자 공자에게도 예를 차리지 않아도 좋을 친구 하나쯤은 괜찮지 않은가?

정강이를 치는 공자의 행위도 원양의 무례함을 지적하는 고매한 가르침이 아니라 친한 친구끼리의 가벼운 장난이다. 길게 늘어놓은 공자의 말도 죄다 장난이다. 공자의 입에서 튀어나온 '적'

賊이란 말 역시 '도를 해치는 사람'이라는 준엄한 꾸지람이라기보다 '밥도둑놈' 또는 '식충이'라는 정도의 농담이다. 『논어』에 실렸다는 이유로 이제까지 '적'賊이란 말은 곧잘 심각한 의미로 해석되곤 했는데, 이는 고매하신 선비님들께서 우스개로 던진 공자의 농을 그만 너무 진지한 가르침으로 받아들였기 때문이다.

공자는 노장류의 인물들에 대해서 그다지 배타적이지 않았다. 맹자는 자신을 공자의 충실한 계승자로 자처하면서도 이학異學에 대한 태도는 사뭇 달라, 이단 배격을 평생의 사명으로 여겼다. 뒷시대 유가들의 시각으로 볼 때 공자는 이 점에 있어 한없이 물러터졌다고도 할 수 있겠다. 하지만 이러한 점이야말로 공자의 매력이다.

'공호이단'攻乎異端의 의미 역시 이와 관련하여 재고해볼 필요가 있다. 공攻을 주자는 전공의 뜻으로 보아 '이단의 학문을 전공하면 해롭다'는 의미로 풀었다. 하지만 원양과 장난치는 공자의 모습을 보고 있노라면 '공격한다'는 뜻으로 본 해석도 좋다고 생각한다. 이단을 공격하는 독선은 그 자체로 건강한 지식 생태에 해롭다는 의미이다.

나는 원양과의 이 대화를 매우 좋아한다. 꾸며지지 않은 성인의 모습을 그냥 그대로 볼 수 있기 때문이다. 공자는 다소 짓궂은 데가 있는 유머러스한 분이고, 원양 역시 천진난만한 은자로 보인다. 아쉬운 점은 공자의 농담에 원양의 대답이 실려 있지 않다는 것이다. 허물없는 둘의 사이와 거침없는 원양의 성격을 생각하면 그도 만만찮은 수위의 농담으로 받아쳤을 듯한데, 혹 학파의 주요 후계자들로 구성된 심의위원회에 의해 가위질당하고 만 것일까.

불손하고 무례하기 짝이 없는 이 후학의 귀에는 가끔 그날의 장면과 함께 원양이 공자에게 받아친 농담이 들린다. 잠깐! 너무 진지하게 받아들이지는 마시라.

"허우대만 멀쩡하지 끼니도 제대로 잇지 못하고, 말만 번지르르하니 이룬 것 하나 없이, 천하를 다 쏘다니고도 또 어딜 나다니다가 이제 오나. 에잇, 밥도 제때 못 챙겨 먹고 다니는 놈!"

마침 솥에서는 밥 익는 김이 한창 오르고 있었다.

20장 거백옥蘧伯玉

허물을 줄이려 애쓰던 위나라의 현자

거백옥은 위나라 대부 거원蘧瑗이다. 위나라 헌공獻公은 그릇이 못 되는 군주였다. BC559년 여름, 실정을 견디지 못한 손문자孫文子가 반란을 일으켰다. 군사를 출동하기 직전 손문자는 온 나라의 존경을 한 몸에 받는 현자를 초빙해 자신의 반란에 정당성을 부여하려 하였다. 그래서 찾아간 인물이 대부 거백옥이다. 그러나 거백옥은 한마디 말로 거절하며 '단지 쿠데타일 뿐'이라고 일침을 놓았다.

손문자로서도 딱히 거백옥의 도움이 절실했던 것은 아니다. 모양새를 그럴듯하게 꾸며 여론의 지지를 받기 위해 모반자들이 으레 하는 일종의 요식행위였다. 자신의 체면을 위해 현자에게 내민 유혹과 협박의 손길이 그런데 그만 보기 좋게 거절당했다. 옳지 않은 유혹과 협박 앞에 현명하고 단호했던 사람. 거백옥은 그런 사람이다.

위대한 인간들은 자신에게 걸맞은 벗을 찾기 어렵다. 공자와 거백옥도 마찬가지였을 터, 둘은 한눈에 서로를 알아보았다. 거백옥은 공자보다 서른 살 가량 많았지만 이때의 인연을 계기로 평생 친분을 이어갔다. 뒷날 공자가 노나라로 돌아가자, 헤어진 벗이 그리워진 거백옥은 전언자를 시켜 안부를 물었다. 자신을 찾아온 전언자에게 공자는 연로한 현자의 안부를 되물었다. 그러자 전언자는 제 주인의 근황을 이렇게 전하였다.

> "저희 어른께서는 허물을 줄이려고 애쓰시는데 좀처럼 생각처럼 되지 않나 봅니다."
>
> "사자여, 오 사자여!"
>
> 對曰: "夫子欲寡其過而未能也." 使者出, 子曰: "使乎使乎!"

군더더기 없는 대답이다. 주인에 대한 상투적 찬사는 물론이고 일상적 안부의 말 하나 없다. 그러나 짧은 이 전언에는 부단히 자신을 성찰하고 정진하는 주인 거백옥의 모습이 오롯하게 담겨져 있다. 그뿐인가. 전언자의 몸에 밴 겸손함도 은연히 묻어난다. 그 주인에 그 전언자이다. 공자가 짧은 탄식을 내뱉고 만 것은 이 때문인데, 현자 거백옥에 대한 존경심과 그리움이 담뿍 담긴 찬사임은 말할 것도 없다.

『회남자』에 '쉰이 되어 49년 동안의 삶이 그릇되었다는 것을 깨달았다'는 말이 나온다. 50세를 '지비'知非라고 하는 문화관습이 여기서 생겼다. 『장자』에는 예순이 되어 예순에 걸맞은 인격의 진보를 이루어내었다는 찬사가 실려있다. 모두 거백옥이 한순간도 쉼 없이 진보하고 성장한 사람임을 증언하는 기록들인데, 공자의 저 지천명知天命이나 이순耳順을 연상케 한다. 무섭다. 죽을 때까지 한순간도 쉼 없이 진보하고 성장한 사람들이라니.

21장 정자산鄭子産

백성을 사랑한 법가

강대국 사이에 끼인 약소국

자산子産은 춘추시대 정나라 대부 공손교公孫僑의 자이다. 자산은 『논어』에 겨우 두 번 이름이 보이지만 공자를 이해하기 위해서는 반드시 알아야 할 인물이다. 자산을 이야기하기 위해 먼저 당시 국제정세와 정나라의 지정학적 위치를 살펴보고자 한다.

정나라는 북쪽으로 춘추시대의 전통 강호 진晉나라와 국경을 접하고 있었고, 서쪽에는 호전적인 진秦나라가 버티고 있었다. 남쪽에서는 신흥 강대국 초나라가 급속도로 성장하여 압박해오고 있었으며, 동쪽에는 환공 이래 일찌감치 중원을 호령해온 제齊나라가 자리하고 있었다. 또 송나라와의 사이에 임산자원과 수산자원이 풍부한 맹저孟諸라는 지역이 있어 인접한 나라들과 자잘한 분쟁이 늘 끊이지 않았다.

정나라는 군사에서 외교에 이르기까지 국가 운영의 전 방면에서 진晉나라와 초나라의 간섭과 압력을 받았다. 정나라 공실은 대체로 오랜 강호 진나라에 우호적이었고, 정나라와 이웃한 채蔡나라는 주나라 왕실의 통치권을 벗어나 초나라의 속국처럼 되었다. 이런 상황 속에 자산이 『좌전』에 그 이름을 내민다.

문덕文德, 약소국의 외교 전략

BC565년, 정나라는 종주국 진晉나라에 잘 보이기 위해 초나라의 통치를 받던 채나라를 침공하였다. 그리고 채나라 공자 섭燮을 포로로 잡아왔다. 이 전투의 승리를 이끈 사람은 자산의 부친 정자국鄭子國이었다.

정나라 사람들은 오랜만에 접한 승전 소식에 모두 기뻐했다. 그런데 정작 수훈장의 아들 자산만은 그렇지 않아 냉담하게 말했다. "이제 채나라의 후원국이자 우리와 남쪽 국경을 맞대고 있는 초나라가 이 사태를 좌시하지 않을 것이고, 초나라의 북진을 차단한다는 명분 아래 진晉나라가 개입할 것이다. 결국 정나라는 두 강대국의 전쟁터로 전락하겠지."

승리의 기쁨에 찬물을 끼얹는 말에 부친 정자국은 격노하여 '어린 녀석이 입을 함부로 놀리다가는 죽는 수가 있다'고까지 하였다. 자식에게 했다고 믿기 어려운 경악할 극언이다. 그러나 자산의 분석은 정확히 적중했다. 그해 겨울 초나라는 채나라 침공 건을 빌미로 정나라 정벌을 단행하였고, 이후 정나라는 진晉·초楚 두 강대국의 힘겨루기에 휘말려 장기짝 신세가 되고 만다.

온 나라가 승전의 기쁨에 들떠 있던 무렵, 자산은 약소국으로서 문덕文德 없이 무공武功만을 앞세우면 막대한 화를 초래한다고 경고했다. 자산이 말하는 약소국의 문덕이란 유연하면서도 능숙한 고도의 외교 전략에 다름 아니며, 그것은 결국 강대국의 심기를 거스르지 않으면서도 자국의 실리를 최대한 챙기는 유려한 화술과 문장으로 귀결된다. '자산 윤색'子産潤色[2]은 그 실제 증거이다.

장기짝 신세에서 캐스팅보트 역할로

자산이 본격적으로 활동한 것은 정나라 국정을 전횡하던 자공子孔이 피살당하고 난 뒤부터였다. 경대부로서 소정少正이 된 자산은 곧바로 진나라에 정면 대응했다. 무례하게 구는 진나라를 향해 "우리가 초나라와 친해지기를 원치 않는다면 혈맹으로서 확실한 우호를 보여 달라." 하고 요구하였다. 휘둘리기만 하던 이제까지와는 확연히 다른 전략이었다.

당시 진나라의 국정을 좌지우지하던 인물은 범선자范宣子라는 대부였다. 진나라의 병권을 장악한 그는 열국의 제후들에게 과도한 폐물을 요구했고, 정나라 백성들은 그의 요구에 부응하느라 등이 휠 지경이었다. 자산은 결단을 내려야 했다. 마침내 외교 서신을 보내어 범선자에게 학정을 멈추어달라고 정중하게 요청했다.

서신에서 자산은 범선자를 한껏 추켜세운 다음, 대국의 집정자는 명망과 덕을 쌓아야 오래 누릴 수 있는 법이라고 은근히 구슬렸다. 그리고는 끝에 이런 말을 슬쩍 덧붙였다. "천하의 백성들에게 '우리를 살려주시는 분'이라는 말을 들어야지 '우리 피를 빨

---

2 자산 윤색子産潤色: 정鄭나라에서 외교문서를 만들 때에 비침裨諶이 초안을 작성하고 세숙世叔이 검토하여 교열하고, 외교관 자우子羽가 표현을 다듬고 동리東里의 정자산이 윤색을 하였다고 한다. 『논어』

아 살아가는 놈'이라는 말을 들어서는 옳은 정치인이라 할 수 없습니다." 편지를 읽은 범선자는 낯이 달아올랐고, 마침내 자산의 요청을 받아들여 폐물 조공을 경감해 주었다.

젊은 선비는 나의 스승

자산이 정나라의 국정을 전담한 것은 BC542년부터이다. 이 무렵 자산이란 사람의 크기를 보여주는 일화가 있다. 당시 향교鄉校는 오늘날 대학교 캠퍼스와 같아 나라의 젊은 선비들이 모여 학문을 하고 자유롭게 토론하는 장소였다. 젊은 선비들은 향교에 모여 위정자의 실책과 부정을 신랄하게 비판할 때가 많았고, 이 때문에 위정자들은 향교를 눈엣가시처럼 여겼다.

드디어 향교를 불온의 온상으로 지목하여 허물어버리자는 의견이 나왔다. 이때 자산은 단호히 반대했다. 젊은 선비들의 비판이 도리어 위정자들의 나침반이 될 수 있다는 것이 자산의 생각이었다. 자산은 젊은 선비들을 '나의 스승'吾師이라고 하였다.

> 권력으로 누른다면 당장의 원성이야 막을 수 없을까요. 그러나 그것은 강물을 막는 것과 같습니다. 한 번 터지는 날엔 수많은 사람이 다치니 그때에는 손써 볼 도리가 없지요. 그들이 내는 비판의 목소리를 약으로 삼느니만 못하외다.

정치의 본질은 국가 권력으로 백성의 목소리를 틀어막는 것이 아님을 자산은 알았다. 청년들의 거친 비판이 앞뒤 모르는 애송이들의 철딱서니 없는 투정이 아니라 실은 나라의 내일을 여는 희망의 등불임을 알았다. 공자는 자산의 저 말을 두고 이렇게 탄복했다고 한다. "남들이 정자산을 어질지 못하다고 하더라도 나는 믿지 못하겠다."

농사에서는 밭두둑, 정치에서는 법과 행정

백성을 강물에 비유한 자산의 저 발언은 범상치 않다. 법가의 그림자가 어른거리기 때문이다. 동아시아 국가 경영은 예악과 형정을 바탕으로 하는바, 유가와 법가는 동전의 양면과 같은 사상이다. 인간에 대한 이해나 국가관에서 약간씩 차이를 보이는데, 자산과 공자는 거의 모든 면에서 좋은 비교가 된다.

둘은 모두 도덕과 인의를 정치가의 필수 덕목으로 보았다. 다만 공자는 '형벌로 다스리면 법망을 피하려고만 할 뿐 도덕성은 상실될 것'이라고 생각하여 법에 의한 형벌 정치를 불신하였다. 이에 비해 자산은 도덕과 인의의 사회를 유지하고 보존할 수단으로서 법의 역할과 필요성을 강조하였다.

변혁을 꿈꾸는 개혁가라는 점도 둘은 비슷하지만, 확실히 자산의 지향은 행복한 국가가 아니라 부강한 국가였다. 그리고 부강한 국가는 잘 정비된 행정과 엄정한 법 집행으로 유지된다는 것이 자산의 확고한 신념이었다. 약육강식의 시대에 약소국으로 겨우겨우 명맥을 이어가던 정나라의 대부였기에 주나라 예악의 보고인 노나라의 사상가 공자와는 생각이 다를 수밖에 없었다.

자산은 평생에 걸쳐 형정과 법제에 기초한 정치를 지향했다. 시스템이 분명하고 그것을 수행하는 매뉴얼이 명확하다면 국가 경영의 폐단과 모순을 최소화할 수 있다는 생각이었다. 자산의 생각은 비교적 젊은 시절의 그의 발언에서 이미 그 단서를 드러낸다.

> 정치는 농사와 같다. 농사에 밭두둑이 분명하면 허물이 적다.
>
> 政如農功. 如農之有畔, 其過鮮矣.

동아시아 최초의 성문법

법에 대한 자산의 믿음은 확고하여 조금의 흔들림도 없었다. 난관을 만날 때마다 '국가를 든든하게 할 수만 있다면 나의 목숨 따윈 아무래도 괜찮다'는 태도로 일관하였다. 그리고 마침내 BC535년, 노년의 자산은 생애 최고의 정치 개혁을 단행한다. 개정 형법을 솥에다 명문화하여 주조한 것이다. 이른바 형정刑鼎이다. 동아시아 최초의 성문법이 탄생하는 순간이다.

덕치德治를 국가 경영의 기치로 내걸었던 주나라 시대. 형법은 말세의 한 상징으로 이해되었다. 그런 만큼 법을 명문화한 사건은 나라의 기강을 어지럽히고 백성들을 혼란에 빠뜨리는 행위로 간주되었다. 이 때문에 자산의 형정 주조는 동시대 열국의 정치인들에게 많은 반감을 샀다. 특히 진나라의 숙향叔向은 오랜 세월 정자산에게 걸어왔던 기대를 철회하며, 몹시 실망하였다는 뜻을 적어 절교의 편지를 보내었다.

> 옛날 선왕들은 사안의 경중을 따져 단죄하였을 뿐 형법을 정하지는 않았소. 백성들이 소송하려는 마음을 갖게 될까 두려웠기 때문입니다. 백성들이 형법을 알면 윗사람을 두려워하지 않고 법조문에서 증거를 찾아 기어이 승소하려고 합니다. 이렇게 되면 나라를 다스릴 수 없습니다. 옛말에 나라가 망하려면 반드시 법령이 많아진다 했습니다. 지금의 정나라를 두고 한 말이오.

형정刑鼎 주조에 담긴 애민정신

형정 주조 사건을 근거로 흔히 자산을 법가의 시원적 인물 중 하나로 꼽는다. 국정 운영의 가장 중요한 수단으로 법을 상정한 측면에서나 군주의 권한을 강화하여 부국강병을 지향하는 측면에서나 그를 법가의 시원적 인물로 간주하는 것을 틀렸다고 할 수 없다. 그러나 여기에는 따져볼 점도 없지 않다.

자산의 형정 주조는 몇 가지 중요한 의미를 지닌다. 무엇보다 법의 전국적 전계급적 공표이다. 또 그의 형정이 애민정신을 기조로 하고 있다는 점도 중요하다. 이는 전국시대 법가들과 비교해보면 차이가 뚜렷하다. 전국시대 법가들이 제정한 법은 그 제제 대

오늘날 재현한 형정

상이 주로 백성인바, 군주를 옹호하고 백성을 억압하려는 목적이 강하다. 이에 비해 자산이 공표한 법은 주로 통치계급을 향한 것으로 그 목적이 제후와 대부들의 횡포를 제한하기 위한 것이다.

덕치를 핑계로 법 위에 군림하며 백성들의 노동력을 가혹하게 수탈하던 통치계급에게 자산은 확고부동한 법률을 제시하여 엄격한 제제를 가하였다. 대부계급은 말할 것도 없고 군주 역시 이제까지와는 달리 법의 규제를 받아야 했다. '백성들이 형법을 알면 윗사람을 두려워하지 않는다'는 말에서 숙향을 비롯한 당시 대부계급의 불만과 두려움의 실체를 읽을 수 있다. 이와 관련하여 『춘추좌전정의』正義에는 이렇게 풀고 있다.

형법을 솥에 새겨 백성에게 공표하였다. 이제 '윗사람이 감히 불법으로 우리에게 죄를 줄 수도 없고, 편법으로 우리에게 은혜를 베풀 수도 없다'는 것을 백성들이 안다면, 권한이 법으로 옮겨 간다. 이 때문에 백성들이 윗사람을 두려워하지 않는 것이다.

불의 정치 물의 정치

자산은 정치에서 관맹寬猛의 조화를 중시하였다. 이는 평생 애민을 지향한 그의 독특한 정치철학의 소산이다. 관寬은 인의仁義와 도덕에 바탕한 너그러운 덕치이고, 맹猛은 형법과 행정에 기반한 엄정한 법치이다. 자산은 죽음을 눈앞에 두고 동료 대부들에게 당부했다.

> 뛰어난 인품과 능력의 소유자만이 너그러운 정치를 할 수 있소. 그렇지 못한 자는 엄정한 정치를 해야 합니다. 불은 뜨겁기에 백성들이 겁내지만, 그렇기에 타 죽는 사람은 드뭅니다. 물은 부드럽기에 쉽게 여기지만, 그렇기에 빠져 죽는 사람이 많지요.

자산이 법을 통한 엄정한 정치를 강조한 이유가 위의 짧은 유언에 모두 담겨 있다. 그는 오직 백성들이 다치지 않고 안전하게 살아가는 부유한 세상을 꿈꾸었다. 다만 자신은 덕정을 베풀만한 능력과 인품이 되지 못하기에 법률정치를 선택했다는 것이다. 자산의 유언은 현실에서 덕정을 구현할만한 인물이 있기는 어려우니 앞으로도 형정을 기본으로 해 달라는 요청이다. 솔직한 자기 고백이요 절절한 당부이다. 말을 마치고 자산은 세상을 떠났다. BC522년의 일이다.

공자는 자산에 대해 은혜로 백성들을 보호하고 의리에 맞게 백성들을 부렸다고 평가하였다. 또 '은혜로운 분'惠人이란 말로 칭송하였다. 자신과 지향이 다소 달랐지만, 법을 통해 백성을 보호하고 행정을 통해 백성들의 삶에 실질적인 혜택을 끼친 그 공을 높이 샀기 때문이다. 마침내 자산이 눈을 감았다는 소식을 듣고 공자는 이렇게 말했다.

> 아, 그 옛날 백성들에게 사랑을 남기셨던 분이시여!
>
> 古之遺愛也

유가에 드리워진 자산의 영향

공자는 자산을 매우 존경한 것으로 보인다. 자산이 지향한 법치주의에 완전히 동의한 것은 아니지만 그의 진심만은 이해한 것으로 생각되며, 또 그의 사유에 얼마간 영향을 받은 듯도 하다.

자산이 국정을 담당하고 있을 때 정나라 정치의 또 다른 축을 이루는 자피子皮가 그의 가신 윤하尹何에게 읍을 맡기고 싶어 했다. 여기에 자산이 제동을 걸었다. 역량이 부족하고 경험이 적은 윤하에게 함부로 맡길 수 없다는 이유였다. 자피는 자신이 윤하를 진심으로 아끼고 있으므로 그를 잘 가르쳐 얼마든지 좋은 읍재로 만들 수 있노라고 강변했지만 자산의 태도는 확고했다.

자산은 자피에게 '칼을 쓰지 못하는 자에게 푸주를 맡기는 것은 그를 아끼는 것이 아니라 죽이는 것'이라고 충고했다. 자산의 이 말은 어딘가 모르게 낯익게 느껴진다. 그것은 아마 자로가 젊은 후배 자고子羔를 등용하려 할 때 공자가 '남의 자식을 죽이는 일'賊夫人之子이라고 나무랐던 말과 닮았기 때문일 것이다. 공자가 자로를 이렇게 크게 야단친 이유가 『논어』에는 설명되어 있지 않은데, 자산의 저 말이 공자의 마음을 대변할 수 있을 듯하다.

일본의 중국학자 카이즈카 시게키貝塚茂樹(1907~1981)가 공자 사상의 형성에 가장 큰 영향을 미친 사람으로 자산을 지목한 바 있거니와 약소국의 대부로서 진심으로 백성들을 사랑했던 정자산의 정치 행적은 곳곳에서 유가에 깊은 영향을 드리우고 있다.

22장 안평중晏平仲

제나라 정치의 아이콘, 폭리의 경제학

작고 못생긴, 그러나 비범하고 담대한

평중平仲은 제나라 대부 안영晏嬰의 자이다. 내조內助[3]라는 고사에도 나오듯 그는 키가 작고 못났다고 한다. 안평중이 초나라에 사신 갔을 때, 초나라에서는 작달막하고 볼품없는 그를 욕보일 심산으로 성문 옆에 작은 문을 따로 만들어 놓고 그곳으로 들어오게 했다. 키가 작으니 굳이 큰 문을 열 필요가 없다는 조롱이었다.

초나라의 속셈을 단박에 알아챈 안평중은 성문 앞에 서서 일갈을 날렸다. "내가 개나라에 사신 온 것이라면 개문으로 들어가야 옳겠지. 하지만 나는 대국 초나라에 사신 온 것이니 개문으로

3 내조內助: 아내의 올바른 도움이라는 뜻이다. 안평중은 키가 작고 인물이 못나기로 유명했다. 그가 약관의 나이로 재상이 되었을 때, 안평중의 수레를 담당한 마부는 키가 크고 인물이 훤하였다. 그 마부는 재상의 수레를 몬다는 자부심에 자못 오만하였는데, 정작 젊은 재상 안평중은 겸손하기 이를 데 없었다. 하루는 마부가 출근하는 길에 그의 부인이 마부를 불러, "당신 주인은 외모가 저리 형편없는데도 재상에 올랐고, 재상에 올랐는데도 겸손하기 짝이 없지요. 그런데 당신은 그 잘난 인물로 겨우 남의 마부나 하면서 어찌 그리 오만하오?"라고 하였다. 부인의 조언을 들은 마부는 그날 이후로 매우 공손해졌다. 태도가 달라진 마부를 불러 사연을 알게 된 안평중은 부인의 조언을 외면하지 않고 겸허하게 받아들여 태도를 고친 마부를 대부로 승진시켜 주었다고 한다.

들어갈 수야 없지 않소!" 기를 꺾어놓으려던 초나라는 도리어 크게 한 방 먹었다.

초나라의 무례함은 그러나 거기서 멈추지 않았다. 제나라에 도대체 얼마나 인물이 없기에 당신같이 못난 사람을 사신으로 다 보냈느냐고 초나라 임금이 몸소 나서 비아냥댔다. 외국에서 온 사신에게 더없이 무례하고 야비한 처사였다. 하지만 안평중은 태연히 받았다.

> 제나라엔 인물이 하도 많아 훌륭한 나라엔 훌륭한 인물을 보내고 후진 나라엔 덜떨어진 사신을 보냅니다. 그러니 초나라엔 제가 올 밖에요.

타고난 겸손함과 드넓은 도량

당시 제나라의 현자로 알려진 월석보越石父가 모함에 빠져 죄수의 몸이 되었다. 오랏줄에 포박된 그를 보고 무언가 잘못되었다고 여긴 안평중은 그 자리서 속죄금을 대신 바치고 현자 월석보를 석방시켜 주었다. 함께 집으로 돌아온 안평중은 월석보를 객실에 안내하고 자신은 그대로 내실로 들어갔다.

그런데 잠시 뒤 월석보는 안평중에게 대뜸 큰 소리로 절교를 선언하였다. 안평중은 어리둥절했다. 그도 그럴 것이 자신은 월석보를 곤경에서 구해준 사람이 아니던가. 놀라는 안평중을 향해 월석보는 이렇게 말했다.

내가 죄수의 몸이었을 때 남들은 나를 몰라주었지만, 그대는 느낀 바가 있어 속죄금을 주고 나를 구해주소. 그것은 나를 알아준 것이오. 이제 나의 진면목을 알면서도 예를 갖추지 않으시니, 차라리 내 죄수의 몸으로 있는 것이 나을 뻔했소.

크게 깨달은 안평중은 즉시 월석보를 상객으로 대우했다. 춘추시대의 관례로 보면 목숨을 구원받은 월석보는 안평중의 가신이 되어 평생 충성을 바친다 해도 전혀 이상할 것이 없다. 그럴진댄 월석보의 말 한마디에 그 자리서 태도를 고치고 상객으로 대접하기란 말처럼 쉬운 일이 아니다. 안평중이 마냥 배포만 큰 인물이 아니라 진실로 겸손하고 도량 넓은 사람임을 알게 해주는 일화다.

부의 독점을 경계한 폭리幅利의 경제철학

아직 안평중이 재상에 오르기 전, 제나라를 혼란에 빠뜨린 경봉慶封이란 대부가 있었다. 경봉은 제나라의 권력을 독점하려다 실패하고 망명하였는데, 당시 대부들이 경봉 일가의 재산을 분배하는 과정에 그 일부가 안평중에게도 돌아왔다. 그러나 자신의 몫으로 할당된 경봉의 재산을 안평중은 받지 않았다.

경씨 일가의 재산을 안평중이 사양한 것은 그것이 불의한 재산이라거나 한때나마 같이 조정에 있었던 옛 동료에 대한 인간적인 의리 따위 고답적인 윤리 의식의 발동이 아니다. 거기에는 좀 다른 이유가 있었다. 안평중은 경봉이 망한 이유를 끝없는 탐욕에서 찾았다.

그럴듯한 명분을 붙인다 한들 경봉의 재산을 받는 행위는 결국 자신의 재산을 불리려는 욕심에 불과하다. 욕심은 더 큰 욕심을 부른다. 주는 대로 다 받아 채우다 보면 끝내는 자신도 경봉처럼 망할 수밖에 없다. 그래서 안평중은 말했다. "경봉의 봉읍을 받지 않는 것은 부富를 싫어해서가 아니다. 부를 잃을까 두려워서다."

안평중의 말이 알량한 위선도 물론 아니었지만, 제 한 몸의 안위만을 생각하는 저급한 보신주의에서 비롯된 것은 더더욱 아니었다. 자신 나름의 확고한 경제철학에 기반한 소신이었다. 위정자들이 스스로 욕망을 줄이고 각 계급마다 재산 소유에 일정한 제한이 있어야 한다는 생각이었는데, 이른바 폭리의 경제철학이다.

> 나라의 부란 비단과 같이 폭이 정해져 있으므로 법률을 제정하여 각각의 한계를 확정해야 한다. 이익의 한계를 정해준다는 의미에서 이를 폭리幅利라고 한다. 내가 많은 것을 탐내지 않는 것은 내 나름의 폭을 정해 두었기 때문이다.

폭리론, 항산恒産의 원형

안평중은 국가 경영에서 분배 문제에 관한 중요성을 매우 일찍 인식했고, 백성들의 삶을 풍요롭게 해주는 것이 국가의 의무라고 여겼다. 그리고 자신의 경제철학을 폭리幅利라는 말로 개념화하였다. 특정 개인이나 특정 계급이 차지할 수 있는 재화를 비단폭처럼 일정한 폭을 정해주고 그것을 넘지 못하게 하자는 것이다.

폭幅의 개념은 종적, 횡적으로 나누어 생각해 볼 수 있다. 종적으로 적용한다면 같은 대부계급 사이에 부의 폭을 균등하게 획정하는 것이다. 만약 특정 대부의 폭이 과도하게 크다면 다른 대부들의 폭은 줄어들게 마련이고, 결국은 질시와 협공을 받는다. 경봉의 패망이 그 좋은 예인데, 이러한 사태의 재발을 방지하기 위해 제도적으로 제한하여 서로 간의 부에 일정한 폭을 유지하게 하자는 것이 폭리幅利이다.

횡적으로 적용한다면 계급이나 계층 간에 발생하는 부의 편중을 조정해주는 것이다. 예를 들면 대부계급이 국가의 부를 독점하면 그것은 하층계급의 피폐와 직결된다. 이 때문에 국가가 대부계급의 재화의 폭을 제한하여 백성들의 재화의 폭을 보호해주어야 한다는 논리이다. 사농공상 사이에서도 마찬가지이다. 실상 이것이 폭리를 주장하는 궁극적인 이유이다.

안평중의 폭리론은 맹자의 저 유명한 항산恒産의 논리를 떠올리게 한다. 맹자의 항산론은 안평중의 주장을 전제할 때 비로소 현실적으로 유의미해진다. 맹자가 말하는 '항'恒은 '고정불변'이란 말인데, 백성들의 생계에 필요한 최소한의 기본 재산을 보장해준다는 의미이다. 부를 독점하려는 지배계급의 욕심을 제도적으로 제한하지 않는다면 백성들의 항산恒産을 보장할 길이 없다.

화和와 동同의 차이

여러 문헌에 전하는 일화들은 안평중이 협잡이나 아첨과는 거리가 먼 유형의 인간임을 웅변한다. 아니 그는 상대의 의중을 파악하여 비위를 맞추어주는 행위를 경멸했다. 신하로서 군주에게 바른말을 아뢰는 것이 진정한 충성이요 참된 의리라고 생각했다. 이런 생각은 화和와 동同에 관한 안평중 특유의 소신에서 기인한 것이다.

> 화和와 동同은 다릅니다. 국을 끓일 때 식초와 젓갈과 소금과 매실로 간을 맞추어 생선과 고기를 익힙니다. 군신 사이도 이와 같아 임금이 옳다고 하더라도 옳지 않은 것이 있으면 신하는 옳지 않다고 말을 올려 옳은 것을 해야 하고, 임금이 옳지 않다고 하더라도 신하가 옳다고 말을 올려 옳지 않은 것을 버려야 합니다. 물에 물을 탄 음식이라면 누가 그 음식을 먹겠습니까? 거문고나 비파를 동일한 음으로 연주한다면 누가 그 소리를 듣겠습니까.

많은 사람들은 화와 동을 유사한 것으로 혼동한다. 흔히 합심이나 협력과 비슷한 뜻으로 이해하기 때문이다. 그런데 둘은 전혀 다르다. 화가 어우러짐이라면 동은 단순한 더하기이다. 동은 이를테면 짠맛이 나는 다섯 재료를 합하여 음식을 만들거나 오직 하나의 음으로 다섯 악기를 합주하는 것과 같다고 안평중은 말한다.

그리고 공자의 화동론和同論

화和는 이질적인 다자의 발전적 통합을 지향하는 반면 동同은 동일함의 반복이나 집합이다. 때로 동同의 힘이 필요할 때도 있다. 줄다리기를 하거나 함께 함성을 지를 때처럼 군사적인 힘의 응집이 필요할 때 동이 발휘하는 힘은 어마어마하다. 구성원끼리 합을 맞추어야 하는 위험한 노동 현장에서도 동이 발휘하는 힘을 무시할 수 없다.

그러나 정치는 조금 다르다. 발전적 통합이란 거듭남이요 진보이지만, 동일함의 반복은 답보에 그치지 않는다. 퇴보이자 파멸로 연결되기 쉽다. 이를 임금과 신하라는 관계에 적용하여 오늘날의 개념으로 치환하면 테제와 안티테제의 갈등을 통해 진테제에 도달하는 모종의 변증법적 사유를 안평중은 생각한 듯하다. 놀라운 점은 이것과 지극히 유사한 사유가 공자에게서 보인다는 사실이다.

> 군자는 화和하고 동同하지 아니 하며, 소인은 동同하고 화和화지 아니 한다.

君子和而不同, 小人同而不和.

공자의 이 구절을 두고 주자는 '화는 어그러진 마음이 없는 것이고, 동은 영합하는 뜻'이라고 해석하였고, 윤돈은 '군자는 의리를 숭상하기 때문에 동하지 아니하고, 소인은 이익을 추구하기 때문에 화하지 아니한다'라고 해석하였다. 이 모호하고 불완전한 해석보다 앞에 인용한 안평중의 말이 훨씬 공자의 말을 쉽고 명확하게 이해시켜주고 있지 않은가.

오래 사귀어도 공경을 잃지 않던 어른

안평중과 공자가 서로의 사유에 어떤 영향을 미쳤는지 명확하지 않다. 화동론은 춘추전국시대에 널리 형성된 사유인데, 다만 그것을 안평중은 요리나 음악에 비유해 설명하고, 공자는 군자와 소인의 관계에 대응시켜 개념화했다. 분명한 것은 둘 다 화和를 중시했다는 점이다. 동同을 중시한 묵가墨家와는 이런 지점에서 완전히 결이 다르다.

두 사람은 어떤 관계였을까? 공자가 아직 세상에 대한 기대로 가슴 부풀었던 시절, 제나라에 간 적이 있다. 소공의 망명을 수행한 길이었다. 그때 공자는 제나라 대부 고소자高昭子의 가신이 되어 그 인연으로 경공을 만났다. 만난 자리에서 경공은 공자가 마음에 들었던지 이계尼谿라는 읍을 공자에게 봉해주려고 했다. 이때 경공을 막아선 사람이 바로 안평중이다.

공자의 등용을 반대하는 안영

이때는 경공이 즉위한 지 30년이 넘은 BC515년 전후로, 안평중이 부친 안환자晏桓子를 계승하여 국정을 수행한 세월이 이미 40여 년이 넘은 무렵이었다. 안평중이 정계에 들어선 나이를 스물로 잡는다 하더라도, 35세의 공자를 만날 당시 안평중은 적어도 예순이 넘는 늙은 정치인이었다. 이 신중하면서도 충직한 노대부는 이방의 젊은 현자가 제나라에 등용되는 것을 단호히 반대했다.

경공이 스카웃 제의를 할 때 '그대 나라의 대부 계씨만큼 대우해주지는 못 해주겠지만 계씨와 맹씨의 중간 정도야 해줄 용의가 있다'고 했으니 내심 굉장히 욕심났던 모양이다. 그러나 이내 '내가 늙어 그대를 등용하기 어렵다'는 어정쩡한 핑계로 자신의 제안을 철회하였다. 안평중의 완강한 반대를 경공이 끝내 무시하지 못했던 것이다. 공자는 매우 낙담했다. 제안이 무산된 배경에 안평중이 버티고 있음도 알았다. 그럼에도 공자는 안평중을 매우 높이 평가했다.

> 오래 사귀어도 공경을 잃지 않던 어른!
>
> 晏平仲善與人交, 久而敬之.

서로 다른 세상을 꿈꾸던 두 사상가

명나라 설응기는 공자가 현실 정계에 입문할 수 있었을지도 모를 이 절호의 기회가 무산된 것에 대해 매우 안타까워했다. 설응기와 같은 공자의 후계자들에게는 이 사건이 매우 아쉬운 사건일 수도 있겠다. 하지만 당시 안평중으로선 공자가 제나라 정치에 맞지 않는 인물이라고 판단했을 가능성이 적지 않다.

둘은 화동和同의 예처럼 매우 유사한 사유를 지니고 있었음도 사실이지만 실상 그 지향이 매우 달랐다. 공자는 일찍부터 확고한 유가적 신념을 가지고 있었던 인물이다. 이에 비해 안평중의 평생과 그의 말을 곰곰이 살펴보면 그가 부국강병을 지향하는 법가형의 인물이라는 것을 어렵지 않게 알 수 있다. 유가적 기질과 법가적 기질. 이것은 공자와 안평중의 차이로 보아도 무방하겠지만 기본적으로는 노나라와 제나라의 차이였다.

제나라는 강태공 이래 공훈을 숭상하며 부국강병을 지향해온 법가의 나라이고, 노나라는 주공 이래 도덕을 숭상하며 주나라 문화의 담지자임을 표방해온 유가의 나라이다. 요컨대 안평중은 제나라 정치의 전형성을 지닌 아이콘이고, 공자는 주나라 문명의 전형성을 지닌 아이콘이라는 뜻이다. 주문명의 재현을 꿈꾸는 다소 낭만적인 이방의 젊은 정치가를 본 안평중은 한편으로는 호기심을, 한편으로는 불안함을 느끼지 않았을까. 공자의 이상이 제나라의 정치 지향과 너무나도 맞지 않았기 때문이다.

춘추시대 오랜 패권국의 국정을 좌우하던 노련한 대부 안평중은 이 다루기 까다로운 젊은 현자를 때로는 단호하고 위엄 있게, 때로는 품위 있고 정중하게 대우했음이 틀림없다. 그것은 앞 단락에서 만난 안평중의 모습으로 볼 때 유추하기 어렵지 않다. 경위가 반듯한 공자가 안평중의 진심을 몰랐을 리 없다.

결국 '오래 만나도 공경을 잃지 않던 어른'이라는 평가는 겸손하고 신중한, 그러면서도 엄하고 단호한 안평중의 처신을 간명하게 요약한 말이자 안평중과 공자와의 오묘한 관계와 거리를 잘 표현한 말이기도 하다.

23장 계강자季康子

공자를 존경했던 무법의 권력자

아버지의 유언을 지킨 집정자

계환자의 아들로, 이름은 계손비季孫肥이다. 계강자가 노나라 국정에 깊이 관여했던 BC492~468년 무렵, 이웃한 제나라는 힘이 더욱 강해졌고 남쪽의 오나라는 세력을 확장하여 북쪽으로 올라왔다. 두 강대국 사이에서 노나라는 늘 시달렸으며, 삼가三家[4]의 유대도 예전 같지 않아 계강자가 전권을 휘두르면서 맹씨와 숙손씨의 불만은 커져만 갔다.

계강자는 나라 안팎의 복잡한 정치적 상황을 현명하게 풀어가기 위해 자신을 도와줄 인물이 절실히 필요했고, 적임자를 찾기 위해 공자와 그 학단의 제자들을 유심히 주목하였다. 부친 계환자가 죽음을 앞두고 '반드시 공자를 초빙하여 자문하라'는 유언을 남긴 것도 한몫했다.

계강자의 부친 계환자는 지난날 협곡의 회맹[5]을 성공적으로

---

4 삼가三家: 노나라 환공의 후예인 맹손씨, 숙손씨, 계손씨를 말한다. 노나라 공실의 혈족으로서 당시 권력을 쥐고 노나라 정치를 좌지우지 하였다. 삼가 가운데 계손씨의 세력이 특히 강성하였다.

5 협곡의 회맹: BC500년 여름, 제나라는 노나라를 굴복시키기 위해 협곡에서 회맹할 것을 요구하였다. 그 자리에서 제나라 군사들이 험악한 분

이끈 공자의 정치적 영향력이 커지는 것을 두려워했었다. 그래서 제나라와 결탁하여 노나라 정계에서 공자를 내쳤고, 노나라는 부흥할 좋은 기회를 잃었다. 자신과 똑같은 실수를 아들이 반복하기를 바라지 않는 마음에서 죽음을 앞두고 아들에게 당부했던 것인데, 계강자는 부친이 남긴 유언의 의미를 잘 알았다.

협곡제회

부친의 장례를 치르자마자 계강자는 공자를 부르고 싶어 했다. 소식을 전해 들은 공자 역시 노나라로 돌아가고 싶어 했다. 하지만 계씨의 오랜 가신들은 자신들의 입지가 약해지는 것을 두려워해 공자의 정치 복귀를 탐탁찮아 했다. 대신 계씨가와 오래전부

위기를 조성하며 노나라 정공을 위협하자, 공자가 제 경공에게 도덕과 의리를 설파하여 제나라의 흉계를 무산시켰다. 이 일로 제나라는 도리어 사과의 뜻으로 옛날 노나라에게 빼앗았던 땅을 돌려주어야 했다.

터 인연을 맺고 있던 공자의 제자 염유를 적극 추천하였다. 계강자가 공자를 만난 것은 이로부터 약 8, 9년이나 지난 뒤였다.

그대 먼저 반듯한 사람이 되시오

BC484년 무렵, 오랜 유랑을 끝낸 공자가 제자들을 거느리고 노나라로 돌아왔다. 오랜 시간을 기다렸던 계강자는 공자가 들어오자마자 궁금했던 질문들을 쏟아내었다. 백성들에게 나라를 사랑하고 충성을 바치게 하고 싶어지도록 만드는 방법은 무엇인지, 좋은 정치란 어떤 것인지 만날 때마다 자문을 청했다.

애타게 기다린 공자를 만나 국정을 자문했지만, 그러나 공자의 대답은 계강자의 기대와 달랐다. 공자는 백성들이 윗사람에게 충성하는 방법을 제시하는 대신 계강자를 향해 '그대가 먼저 백성들을 정중하게 대하면 백성들도 공경할 것이고, 그대가 먼저 효도와 사랑을 실천하면 백성들도 충성할 것'이라고 말하였다.

백성을 다스리는 방법에 달리 특별한 묘안이 있는 것이 아니다. 제후와 대부가 먼저 나라와 백성을 진심으로 사랑하고, 제후와 대부가 먼저 위정자로서 인격적으로나 도덕적으로 모범이 되면 된다. 원칙은 언제 어디서나 항상 똑같다. 그래서 정치가 무엇이냐고 계강자가 물었을 때도 공자는 똑같이 말하였다.

> 정치政는 반듯함正이오. 그대가 먼저 반듯함으로 모범을 보이시오.

政者正也. 子帥以正, 孰敢不正?

너무나 원론적으로 보이는 공자의 이 말은 모든 것이 비정상적이었던 당시 노나라 정치의 본질적 문제를 정곡으로 찌른 직설이다. 통치계급은 백성들을 그저 부려먹기 좋은 노동력 정도로 생각했고, 공실과 대부들 사회에서 패륜과 하극상은 일상적인 것이었다. 그들에게 중요한 것은 나라도 정의도 아니었고 오직 이권과 힘뿐이었는데, 스스로 그런 모습을 하고는 백성들에게 어떠한 것도 기대하기 어려웠다. 그런 면에서 '정치는 바른 것'政者正也이라는 말은 가장 현실적인 조언이요 처방이었다.

도둑놈은 너희 계씨 가문

계씨가 집정자로 있을 무렵 노나라엔 도적이 들끓었다. 계강자는 이 문제로 골머리를 앓았다. 결국 문제를 해결하기 위해 공자에게 자문을 청했는데, 치안과 관련한 민감한 이 현안에 대해서도 공자의 대답은 한결같았다. "당신부터 탐욕을 부리지 마시오. 그러면 백성들에게 상을 주더라도 도둑질을 아니 할 것입니다."

도적은 『춘추』에서 크게 네 가지 정도의 의미로 쓰였다. 첫째는 제후의 재물을 횡령하는 신하이다. 이를 도신盜臣이라 한다. 둘째는 무언대부無言大夫이다. 제 할 일을 하지 않고 봉록만 축내는 대부 곧 봉급 도둑놈이다. 셋째는 대부로서 하극상 또는 반란을 저지른 사람이다. 넷째는 폭력조직, 강도단, 도둑떼 등등이다. 넷

째가 우리가 흔히 말하는 도둑이다.

계강자가 걱정했다는 도둑은 주로 넷째에 해당하는 것으로 보인다. 춘추시대에는 열국의 전역이 도적떼 때문에 골치가 이만저만이 아니었는데, 노나라의 경우도 계강자가 공자에게 자문을 다 청했을 정도이니 상황이 간단치 않았던 모양이다. 이러한 자문 요청에 돌아온 공자의 대답은 언제나처럼 질문자인 계씨를 향하고 있었다.

오랜 세월 계씨가는 군주의 권력을 훔쳤고, 대부로서 나라를 위해 해야 할 일을 하지 않았다. 계강자 스스로가 하극상이나 반역에 버금가는 행위를 일상적으로 자행했을 뿐 아니라 무거운 세금으로 백성들의 고혈을 가혹하게 쥐어짰다. 그런 계강자에게 공자는 매서운 돌직구를 날린 것이다. "도둑놈은 사실 너희 계씨 가문이 아니냐?"

풀은 바람을 따라 눕는다

계강자는 숙적들을 잔인하게 제거했고, 반발하는 세력은 더욱 강한 폭력으로 짓뭉갰다. 하지만 폭력 정치를 한다는 저 깊은 양심의 압박에서마저 자유로울 수는 없었기에 무던히도 자기합리화를 시도하였다. 그 끝에 스스로 만들어 내세운 논리가 '무도한 놈들을 죽여 정의롭고 건강한 사회를 만든다'는 것이었다. 좋은 나라를 만들기만 한다면 얼마간의 폭력이 수반된다 한들 그것 역시 그것대로 의미가 있지 않겠느냐는 궤변이었다.

속내 빤한 계강자의 궤변이 공자로서는 몹시 못마땅했다. 자행되는 모든 무도한 전횡과 잔인한 폭력이 죄다 정의사회 구현을 위한 선의로 정당화될 판이고, 부당하게 희생당한 모든 피해자가 마냥 천하의 몹쓸 악당이 될 판이었다. 보다 못한 공자는 법 집행을 가장한 잔인한 살인을 그만 멈추라고 경고했다.

> 그대가 정치를 시행할 때 왜 굳이 사형 제도를 쓰려 하오? 그대가 선하면 백성들은 선해지기 마련이오. 군자는 바람이요, 소인은 풀입니다. 풀 위로 바람이 불면 풀은 반드시 바람이 부는 방향을 따라 눕는 법이외다.
>
> 子爲政, 焉用殺? 子欲善而民善矣. 君子之德風, 小人之德草, 草上之風必偃.

부정한 독재자나 권력을 훔친 찬탈세력들은 으레 정의사회구현이나 사회질서안정이라는 명분을 내세워 흉악범들을 소탕하겠노라고 법석을 떤다. 하지만 그 이면에는 합법의 이름을 빌어 정적을 제거하고 공포정치를 조장하여 지식인들의 입을 막으려는 음험한 의도가 도사리고 있다. 지금도 지구촌 곳곳에서 독재 정부가 선포한 범죄와의 전쟁이 진행 중인데, 동서고금을 막론하고 흔한 일이다.

노나라 치안이 도적들로 인해 극히 불안한 것이 사실이라 할지라도 그것을 핑계로 공포정치를 합리화하는 것은 더더욱 위험

천만한 일이다. 진정으로 정의로운 사회를 구현하는 첫걸음은 위정자가 먼저 도덕성을 갖추는 것에서 출발한다. 통치계급의 도덕성은 바람이고, 백성의 도덕성은 풀이다. 풀은 바람을 따라 눕는다.

나는 약을 모릅니다

계강자는 끝내 부친의 유언을 어기고 공자를 미워했다. 정확히 어떠한 사건이 계기가 되었다기보다 둘은 애초 서로 맞지 않은 사람들이었다. 위에 소개한 일련의 대화들에서 어렵지 않게 짐작할 수 있듯이 공자의 언행은 시종 계강자의 양심을 불편하게 만들었다.

무슨 연유에서인지 한 번은 계강자가 공자에게 약을 보낸 일이 있다. 자로가 기도를 올릴 만큼 공자가 심하게 앓을 때(→54면 참조) 보낸 약이었는지, 아니면 단순한 보약이었는지도 알 수 없다. 약을 받은 공자는 그것을 복용하지 않았다. 그리고 조심스레 사과의 뜻을 전했다.

> 제가 약에 대해서는 모르는지라 감히 함부로 입에 대지 못하겠습니다.
>
> 丘未達, 不敢嘗.

계강자가 약을 보낸 의도는 알기 어렵다. 정말로 좋은 치료제

였을 수도 있고 귀한 보약이었을 가능성도 없지 않다. 하지만 공자는 이 약을 마시지 못했다. 동시에 계강자의 의도를 의심하는 어떠한 제스처도 피해야 했다.

공자의 말을 길게 부연해보자면 '약의 복용법에 대해 아무것도 모르는 제가 선불리 약을 복용하였다가 뜻밖에 건강을 손상케 한다면 그대의 선량한 의도를 도리어 왜곡시킬까 걱정'이란 말이 된다. 약을 보낸 그 마음이 너무나 감사하기에 오히려 감히 함부로 마실 수 없었다는 한껏 몸을 낮춘 정중한 사양이다.

약에 대해 문외한이라는 말이 당시 공자가 처해진 상황의 거의 모든 것을 웅변한다. 목숨에 위협을 느낄 정도로 공자를 겨눈 계강자의 칼끝은 음험하고 집요했다. 계강자는 공자가 죽고도 10년이 넘는 세월 동안 노나라 국정을 전횡하다가 애공 27년(BC468)에 세상을 떠났다.

24장 섭공葉公

잘사는 전제국가를 꿈꾼 정치가

날카로운 안목과 통찰력의 소유자

섭현葉縣의 현윤 심저량沈諸梁은 공자와 나이가 비슷한 초나라 대부이다. 섭현의 현윤이라는 뜻에서 흔히 섭공이라 부른다. 공자가 눈을 감던 BC479년, 초나라 태자 건建이 축출되어 정나라로 망명하였다. 오갈 데 없이 쫓겨난 망명자를 정나라에서는 따뜻하게 맞아주었다. 하지만 배은망덕하게도 태자는 도리어 정나라를 치려고 진晉나라와 몰래 모의하였다. 계획은 엉뚱한 일로 탄로났고, 태자 건은 살해당했다.

건이 살해당할 때 그의 아들 승勝은 오나라를 떠돌고 있었다. 초나라 정치의 주요 인물 가운데 하나였던 영윤자서令尹子西는 나라 밖을 전전하는 승이 딱해 보였다. 이윽고 섭공을 향해 '승을 불러 변방 고을을 맡기는 것이 어떻겠느냐'고 제안하였다. 아무리 살해당한 망명자의 아들이라도 초나라 공실의 핏줄이기 때문이다.

평생을 정치판에서 늙은 섭공은 승에 대해 옹졸한 데다 탐욕스러우며 간사한 사람이라 경계하며 영윤자서를 만류하였다. 또 승은 자신의 휘하에 목숨을 바치는 무사들을 모으던 중이었는데, 섭공은 그것이 뒷날 화란의 씨앗이 될 것이라 경고하였다. 그러나 영윤자서는 섭공의 말을 듣지 않고 승을 불러 변방에 봉해주고 백공白公으로 삼았다.

영윤자서는 백공을 품어주어 큰 인물로 키우려 했다. 하지만 백공은 섭공의 경고처럼 무례하고 옹졸한 위인이었다. 마침내 백공은 반란을 일으켰고, 영윤자서는 자신이 품어주었던 자의 칼에 목숨을 잃었다. 섭공의 예견이 정확히 들어맞았던 셈이다. 죽는 날 영윤자서는 부끄러워 섭공을 볼 수 없다고 소매로 얼굴을 가리고 눈을 감았다고 한다. 이 반란은 결국 섭공의 손에 평정되었다.

정직함을 정의하는 두 가지 시선

표면상으로만 보면 섭공은 좋은 정치인이 가져야 할 자질과 덕목을 거의 모두 갖추고 있었다. 사람을 보는 안목이나 사태의 핵심을 찔러보는 직관, 앞날을 예견하는 통찰력, 난국을 평정하는 역량까지. 거기에 사심도 없어 반란이 평정되자마자 그는 섭현으로 돌아갔다. 완벽에 가까운 정치가이다. 그런데 그의 정치 지향과 스타일에 대해서는 생각해볼 여지가 없지 않다.

태자 건의 망명 사건이 발생하기 10년 전인 BC490년 무렵, 공자와 섭공이 만난 일이 있다. 공자가 진陳나라와 채蔡나라를 거쳐 초나라 섭현에 당도했을 때이다. 섭공은 천하에 명성을 떨치고 있는 이 초로의 유랑객에게 자신의 정치 역량과 성과를 과시하고 싶었다.

"우리나라에 정직한 자가 있소. 제 아비가 양을 훔치자

아들이 증언하였지요."

"우리나라의 정직한 자는 조금 다르오. 아비는 자식을 감싸주고 자식은 아비를 감싸주지요. 정직은 그 속에 있습니다."

葉公語孔子曰: "吾黨有直躬者. 其父攘羊, 而子證之."

孔子曰: "吾黨之直者, 異於是. 父爲子隱, 子爲父隱. 直在其中矣."

훔친다는 행위에도 종류가 있다. 훔치려는 의도를 가지고 훔치는 것을 도盜라고 한다. 의도는 있으나 몰래 훔치는 것은 절도이고 강제로 빼앗아 훔치는 것은 강도이다. 훔칠 의도를 가지고 훔친 것은 아니지만 결과적으로 훔치게 되는 일도 있다. 회의 자리에서 볼펜을 쓰고 무심코 주머니에 넣는 경우나 혹은 길을 가다가 떨어진 지폐 한 장을 줍는 것과 같은 것이다. 이런 것을 양攘이라고 한다. 채어간다는 뜻이다.

옛날 유목민들은 수백 마리의 양떼를 같이 키웠는데, 양 한 마리가 이웃집의 양떼에 잘못 섞여 들어가는 경우가 적지 않았다. 이럴 때 시침을 떼고 끝내 모른 체하면 달리 방법이 없다. 그런데 섭공이 다스리는 지방에 사는 어떤 청년이 자신의 아버지의 부도덕한 행위를 신고하고 증언하였다. 섭공은 청년의 일화를 통해 질서와 기강이 분명한 자신의 정치를 은근히 자랑하였다. "어떻소? 내가 만든 초나라. 멋지지 않소?"

그러나 공자에게 섭공의 말은 경악에 가까웠다. 가족의 죄를 국가에 고발하도록 유도하는 이러한 정치는 전제군주들이 주로 애용하는 방법이다. 독재자는 고발을 교사함으로써 세상의 모든 눈과 귀를 장악하고, 그를 통해 정적을 탄압하거나 인민을 감시한다. 개개인의 눈이 국가의 감시카메라가 되는 세상에서 권력자의 전횡을 막을 방법은 없다. 섭공의 정직 자랑 이면에는 무시무시한 초나라 정치의 민낯이 숨겨져 있다.

공자는 섭공에게 국가의 형법과 가정의 윤리를 동일시할 수는 없다고 말한다. 가정은 단죄가 아니라 사랑과 믿음이 먼저이기 때문이다. 공자의 말이 가족의 비리와 부정을 눈감아 조장하란 뜻이 아님은 물론이다. 가족 간의 사랑과 믿음이 건강한 도덕성을 잉태하고, 건강한 도덕성이 확립되면 참으로 부끄러워할 것이 무엇인 줄을 자연스레 알게 된다는 뜻이다. 참된 정직은 형벌이 아니라 사랑과 믿음에 기초하여 만들어진다고 공자는 보았다.

좋은 정치란

섭공과 공자가 만난 적이 또 한 번 있다. 제나라로 사신 가던 섭공은 공자에게 방문하여 외교 방법에 대해 자문하다가 좋은 정치가 무엇이냐고 물었다. 공자는 이렇게 대답했다.

> 여기 사람은 행복하고, 먼 곳의 사람은 이주해 오고 싶어지도록 하는 것이 좋은 정치입니다.

섭공은 평생토록 초나라의 현실 정치를 좌우지한 사람이었다. 그런 그에게 공자가 마냥 자신의 단편적인 관념이나 상식적인 원칙론을 조언이랍시고 던졌을 리는 없다. 만약에 그랬다면 공자는 철없는 몽상가 그 이상도 이하도 아니니다. 평소의 대화법을 생각해 본다면 공자의 이 말 역시 섭공의 정치에서 발견되는 가장 큰 단점이나 제일 절실한 무엇을 짚어준 것일 가능성이 크다.

공자가 건넨 조언은 섭공의 정치적 성공 그 이면의 문제점을 꼬집은 것이다. 말 잘 듣는 착한 백성으로 길들여 통제하는 섭공의 정치. 그것은 겉으로 보기엔 일사불란하여 잘 다스려지고 있는 것처럼 보일는지 모르겠지만, 그 나라에 살고 있는 사람은 행복하지 않고 그곳으로 이주하기를 원하는 사람도 없는 정치이다. 몇 개의 토막 정보로 섭공의 정치를 섣불리 판단하기는 어렵지만, 섭공은 잘사는 전제주의 국가를 지향한 정치가가 아닌가 생각된다.

섭공의 수완과 역량이 대단했던 것은 분명하지만 섭공과 공자는 모든 면에서 근본적으로 맞지 않았다. 섭공이 자로에게 공자가 어떠한 분이냐고 물었을 때 자로가 머뭇거린 이유도 이 때문이고, 공자가 "아 왜, 책에나 파묻혀 세상 물정 모르고 행복해하는 노인네라고 대답하지 않고?"라고 농담조로 받았던 것도 이 때문이다.

제4부

불편한 단련자: 간인과 악인

소서小序

고상한 인간들로만 가득할 것 같지만, 그러나 『논어』 속에는 적잖은 간인과 악인들이 등장한다. 그저 단순히 고약하고 못된 사람 정도가 아니다. 아들을 내쳐 국외로 추방한 이도 있고, 가주家主를 배신하고 반란을 일으킨 이도 있고, 제 손으로 세운 임금을 제 손으로 시해한 이도 있다. 어찌 되었든 모두 인간 세상의 윤리를 저버린 몹쓸 패륜아들이다.

이들은 때로 공자를 시기해 괴롭혔고, 또 어떤 이들은 자신의 다급한 사정 때문에 공자의 명성을 빌리려 했다. 공자와의 인연과 관계는 저마다 달랐으나 이들 역시 공자의 인격 성장과 학문 완성에 큰 영향을 끼친 사람들이다. 그런 의미에서 나는 이들을 불편한 단련자라 부른다. 여기에서는 공자를 이해하기 위해 빼놓을 수 없는 6인의 간인과 악인을 소개한다.

25장 남자南子

욕망덩어리 늙은 군부인

영리하고 눈치 빠른

송나라 여인으로 위衛나라 영공靈公의 부인이 되었다. 그녀는 눈치가 빠르고 총명한 여인이었다. 어느 날 밤 그녀가 영공과 앉아 있을 때 멀리서 수레 달려오는 소리가 들리더니 궁궐 가까이서 갑자기 소리가 멈췄다. 한참 뒤 궁궐을 지난 곳에서 다시 수레 달려가는 소리가 들려왔다. 남자는 수레를 탄 사람이 틀림없이 거백옥蘧伯玉일 것이라고 장담했다.

보지도 않고 확언하는 부인을 보고 궁금증이 인 영공은 "그가 거백옥인 줄을 어떻게 아느냐"고 물었다. 그녀는 신하가 궁궐 앞을 지나갈 때에는 수레에서 내려 걸어간다는 『예기』의 말을 남편 영공에게 상기시켜 주었다. 그리고 "군자는 낮이라고 하여 예의를 지키는 따위 위선도 행하지 않으며, 밤이라 하여 조행을 게을리하는 나태함에도 빠지지 않습니다. 이 때문에 거백옥인 줄을 압니다." 하고 대답하였다.

이 이야기는 거백옥의 군자다움을 보여주는 고사이지만, 그러나 남자라는 여인이 얼마나 박식하고 영리하며 또 눈치 빠른지도 알려준다.

음란하고 탐욕스런

남자는 젊은 시절 미모로 이름을 날렸다. 영리한 데다 미모까지 겸비한 그녀는 위령공의 총애를 받았고, 위나라 국정을 마음대로 주물렀다. 진위를 확인할 길 없지만 남자는 영공의 부인이 되기 전 처녀 시절에 고국의 미남자 송조宋朝와 연인 관계였다고 한다. 그런데 어찌 된 일인지 그녀는 다 늙은 나이에 다시 송조와 연락하여 조洮라는 곳에서 몰래 만났다. 성욕과 권력욕은 그녀를 살아가게 하는 힘이었던 모양이다.

하지만 둘의 은밀한 재회는 그만 세상에 알려지고 말았다. 송나라에서는 시골 백성들이 둘의 관계를 발정난 돼지에 비겨 음탕한 노래로 만들어 불렀다. 그런데 위령공과 남자의 큰아들이자 위나라의 태자인 괴외蒯聵가 제나라로 가는 길에 송나라에 들렀다가 그 난잡한 노래를 듣게 되었다. 어머니의 밀회와 관련한 해괴한 소문을 알게 된 괴외는 아연실색했다.

수치스러움과 분노를 참을 수 없었던 괴외는 자신의 생모를 살해하려고 계획하였다. 하지만 남자는 본래 눈치가 빠른 데다 평생을 군주의 부인으로 위나라 정치의 중심에 서 있었던 여인이었다. 그녀의 노회함과 예민한 촉수를 괴외는 간과했다. 결국, 위나라에서 모든 것을 잃고 달아나야 했던 사람은 태자 괴외였다. 정공 14년, BC495년의 일이다.

그리고 현자와 만나고 싶어 했던 늙은 속물

늙은 어머니와 젊은 태자가 목숨을 걸고 암투를 벌이던 시기를 전후하여 공자는 몇 차례 위나라로 갔다. 위나라 정계에 선이 닿아 있던 제자 자로의 주선 덕에 초빙을 받은 것이었다. 공자는 거백옥의 집에 거처를 마련하고 위나라 정치인들과 접촉을 시도했고, 위령공은 그런 공자를 매우 환대했다.

힘의 논리가 지배하는 시대에 인의를 외치는 현자가 궁금해서였는지, 아니면 공자라는 인물이 지닌 정치적 잠재력을 높이 사서인지, 그도 아니면 추락할 대로 추락한 자신의 이미지를 회복하기 위해서인지 분명치는 않지만 남자는 공자와 만나고 싶어 했다.

늙은 군부인의 요청을 거절할 수 없었던 공자는 그녀를 만났다. 스승이 속을 알 수 없는 욕망 덩어리 늙은 속물을 만났다는 사실에 자로는 불쾌감을 감추지 못했다.

> 내 맹세하마. 잘못한 것이 있다면 하늘이 나를 버리실 게다.
>
> 予所否者, 天厭之, 天厭之.

남자를 만난 공자

공자가 말한 '잘못'이란 음란함과 관계된 무엇이 아니라 정치적인 어떤 것으로 보인다. 그렇지만 만남 그 자체만으로 공자에게 심각한 불명예가 될 수 있고 또 자칫 어지러운 위나라 정국에 휘말려 목숨이 위태로워질 수도 있었다. 자로는 그것을 우려했고, 공자도 자로의 걱정과 진심을 알았다. 그만큼 남자는 위험하고 간교한 여인이었다.

26장 양화陽貨

권력욕의 화신, 생래의 반역자

계씨의 가신, 오만방자한 반역자

문헌에 따라 양호陽虎로 기록된 곳도 있으며, 또 흔히 그렇게 불린다. 계씨의 가신으로 계평자의 신임을 얻어 계씨가의 세력 확장에 기여하였다. BC505년 6월, 계평자가 죽자 양호는 조용하게 움직였다. 낌새도 없이 은밀하게 측근을 규합하여 계평자의 아들 계환자와 그 일족 공보문백公父文伯을 구금하고, 가신 중양회仲梁懷를 축출하였다. 실로 기민하고 발 빠른 움직임이었다.

이듬해, 노나라는 정나라를 공격하여 광匡 지방을 빼앗았다. 제 세상을 만난 듯 거만해진 양호는 전쟁에서 빼앗은 땅의 백성들에게 잔혹한 짓을 서슴지 않았다. 때문에 광匡의 백성들은 양호의 포악함에 치를 떨며 마음 깊이 원한을 품었다. 그러나 양호가 심은 화의 씨앗이 뒷날 엉뚱하게 공자에게 해를 끼칠 줄은 이때까지 아무도 예상치 못하였다.

양호의 횡포는 점점 심해져 군주인 정공과 삼가의 집정자들에게 수시로 맹약을 강요하더니, 마침내 계씨를 비롯한 삼가를 아예 제거하려 들었다. 하지만 일은 양호의 뜻대로 풀리지 않았다. 심상찮은 분위기를 감지한 계환자는 재빨리 맹의자와 협력하여 사생결단의 각오로 양호의 공격을 물리쳤다.

삼가 축출 계획에 실패한 양호는 제나라로 망명하였다. 그럼에도 불구하고 스스로의 잘못을 뉘우치지 않고 제나라 군사를 빌려 기어이 노나라를 치려고 하였다. 하지만 그의 잔인무도함은 이미 제나라 대부들 사이에 널리 알려져 있었다. 양호는 제나라 공실公室을 설득하기는커녕 도리어 구금될 위기에 처했는데, 궁지에 몰린 그는 총령蔥靈이란 수레에 몸을 숨긴 채 허겁지겁 달아나야 했다.

양호가 만든 날벼락, 천명을 깨달은 공자

양호의 평생은 배신과 반역으로 점철되어 있다. 야망과 이익을 위해서라면 못할 짓이 없는 전형적인 권력 지향형 인물이다. 스스로 "인仁은 부귀에 방해된다."라고 외치며 인을 극도로 싫어했다고 하니 긴 설명이 필요치 않은 전형적인 모리배이다. 몹시 불행하게도 이러한 악인의 외모가 공자와 쌍둥이처럼 닮았다고 한다.

BC496년, 천하 주유를 시작한 이듬해 즈음 공자는 위衛나라를 떠나 진陳나라로 가고 있었다. 이 길에 정나라 국경 근처에 있는 광匡 지방에 들러 잠시 머물며 제자들과 강학하고 있었는데, 바로 10여 년 전 양호가 침략하여 갖은 악행을 저질렀던 곳이다.

광 지방의 백성들은 나무 아래에 있는 공자를 보고 양호로 오인하여 자신들의 원한을 갚을 절호의 기회가 왔다고 생각하였다. 성난 사람들은 공자 일행을 포위하고 격렬하게 공격했다. 엉뚱한 오해가 불러온 사단이었지만 사태는 자못 심각하여 자로가 직접 창을 잡고 공자를 호위해야 했다. 그러나 양호가 만든 이 날벼락을 맞고 공자는 이렇게 말했다고 한다.

> 문왕이 돌아가신 지금 문명이 나에게 있지 않은가? 하늘이 문명을 버리지 않으실 바에야 광 지방 사람이 나를 어쩌겠는가?
>
> 文王旣沒, 文不在茲乎? 天之將喪斯文也, 後死者不得與於斯文也, 天之未喪斯文也, 匡人其如予何?

공자의 이 말은 자신을 하늘의 대리자로 자처하는 종교 지도자의 말과 흡사하다. 마융馬融이 '필시 광 지방 사람들이 하늘을 어기고 나를 해치지는 못할 것'이라는 뜻으로 해석한 것도 그러한 관점이다. 과도한 자기애에서 발로한 터무니없는 호기가 아니냐고 비꼬아도 딱히 무어라 변호하기 어렵다. 다만 자아도취의 과대망상이 아니라 자기 존재 이유와 역사적 책무를 명확히 각성한 것이라는 점에서 공자의 이 발언은 의의가 있다.

사람에게서 자기 존재에 대한 고민이 중요한 것은 그것이 삶의 책무, 곧 존재 방식의 문제와 직결되기 때문이다. 아이러니하게도 양호가 만든 날벼락이 공자에게 각성의 기회를 제공한 것인데, 공자가 자신의 삶이 현실 정치인이 아니라 철학자로서의 혹은 스승으로서의 길임을 운명적으로 직감한 순간이 있다면 아마 이때부터였을 것이라고 나는 생각한다. 공자의 나이 56세. 천명을 안다는 저 지천명知天命의 한가운데를 지나고 있을 즈음이다.

양호와 공자의 만남

양호가 한창 권력을 휘두르던 시절, 그는 놀라우리만큼 자신과 닮은 이 장년의 학자를 몹시 만나고 싶어 했다. 그러나 노나라 국정을 쥐락펴락하는 자신이 아무런 직위가 없는 일개 선비를 먼저 찾아가는 일은 그의 자존심이 허락하지 않았다. 이리저리 생각하다가 공자가 먼저 찾아오게 할 묘안을 찾아냈다.

춘추시대에는 대부가 사士에게 선물을 보냈을 때 직접 그 선물을 받지 못했다면, 반드시 선물한 대부에게 찾아가 감사 인사를 올려야 하는 예가 있었다. 공자는 다른 무엇보다 예를 중시했는데, 양호는 바로 그 점을 이용하고자 하였다. 공자가 외출한 틈을 엿보아 양호는 공자의 집으로 돼지를 보냈다. 이제 공자는 꼼짝없이 양호를 찾아가야 했다.

빤한 꼼수에 공자도 마냥 걸려들고 싶지는 않았다. 공자 역시 양호가 없는 틈을 보아 인사를 하러 갔다. 그러나 운명은 짓궂어 기어이 둘을 길에서 마주치게 하였다. 어떻게든 한번은 만나야 할 사이였던 모양이다. 공자를 본 양호는 거만하게 떠보았다.

> "역량을 품고서 나라의 어지러움을 외면하는 것이 그대가 말하는 인仁이오?"

길에서 만난 공자와 양호

"인이라 할 수 없지요."

"일하기를 바라면서 툭하면 때를 놓치는 것이 그대가 말하는 지혜요?"

"지혜라 할 수 없지요."

"해와 달은 쉼 없이 돌고 돈다오. 세월은 우릴 기다려 주지 않소."

曰: "懷其寶而迷其邦, 可謂仁乎?" 曰: "不可."

"好從事而亟失時, 可謂知乎?" 曰: "不可."

"日月逝矣, 歲不我與."

비릿한 조롱조의 말을 툭툭 던지며 양호는 마치 누구보다 자신이 공자를 잘 알고 있고 공자를 위하는 것처럼 굴었다. 그리고 끄트머리에 가서는 그 무슨 대단한 특혜라도 줄 것마냥 기회를 잃지 말라는 분위기의 말을 넌지시 덧붙였다. 이런들 어떠하며 저런들 어떠하리. 이방원의 하여가何如歌와 같은 시큼들척하고 끈적한 회유이다.

양호의 말을 들은 공자는 장차 벼슬에 나갈 것이라고 말했다. 공자의 말을 끝내 벼슬할 뜻이 아주 없지는 않다는 정도로 이해해도 좋고, 아니면 벼슬에 대한 적극적인 의지 표명이라 이해해도 좋다. 어떻든 양호는 공자를 몰라도 너무 몰랐다. 너절한 꼼수나 쓰며 비릿한 냄새를 풀풀 풍기는 부정한 권력자에게 허리를 굽신거릴 위인이 절대 아니란 것을.

27장 공산불요公山弗擾

고국을 지킨 반역자

양호의 라이벌에서 측근으로

계평자가 죽었을 때 가신 양호는 주군 계평자의 장례를 군주의 예로 치르자고 하였다. 제나라로 달아난 소공昭公을 대신하여 10년 동안 계평자가 국정을 다스렸다는 것이 양호가 내세운 명분이었다. 물론 계평자를 위한 충정이 아니라 자신의 야망을 위한 밑돌 깔기다.

그런데 같은 계씨의 가신이자 계환자의 신임을 받던 중양회仲梁懷가 양호를 막아섰다. 이미 새 임금 정공定公이 자리에 올라 국정을 주관하고 있는 이상 계평자에게 군주의 예를 행할 수 없노라고 반박했다. 양호는 중양회를 제거하고자 공산불요와 상의하였다. 그런데 뜻밖에 공산불요는 중양회의 편을 들었다. 이때만 해도 공산불요는 양호와 라이벌 관계였다.

뒤에 공산불요는 비읍費邑의 읍재가 되었다. 비읍은 험준한 산천이 철옹의 방어막을 형성하고 있는 천연의 요새로 계씨가를 지탱하는 핵심 읍성이다. 계씨가의 새로운 가주家主가 된 계환자는 측근 중양회를 대동하고 비읍을 방문하였다. 읍재로 있던 공산불요는 성밖까지 마중 나와 둘을 극진히 대접하였다.

셋이 만난 자리에서 계환자는 가신인 공산불요에게 깍듯이 예를 갖추었다. 하지만 같은 가신이던 중양회는 오히려 예를 갖추지 않고 공산불요를 마치 아랫사람처럼 대했다. 자존심이 상한 공산불요는 중양회에게 복수하려 양호에게 손을 내밀었다. 결과적으로 공산불요의 복수심은 양호가 계환자를 잡아 가두고 중양회를 축출하는 데 도움을 주었다. 공산불요가 양호의 사람이 된 것은 이 무렵부터였다.

마침 노나라 공실에서는 삼가三家의 세력이 지나치게 강성한 것을 경계하여 그 핵심 읍성들인 계씨가의 비읍, 숙손가의 후읍郈邑, 맹손가의 성읍成邑을 허물고자 하였다. 시기가 절묘하게 맞아떨어졌다. 양호와 공산불요는 금방이라도 계씨 일가를 누르고 자신들이 노나라 권력을 장악하리라 여겨 마음이 들떴다. 삼가가 무너지는 꼴을 곧 보리라는 생각에 흥분하여 운명의 칼끝이 자신들을 겨누고 있는지는 전혀 몰랐다.

공자를 초빙한 반역자

구금되었다가 풀려난 이후 계환자는 줄곧 양호와 공산불요를 제거하려고 마음먹고 있었는데, 마침 정공이 삼도를 허물자고 제안하였다. 계환자는 절호의 기회라고 생각하여 이례적으로 노나라 공실에 적극 협조하였다. 정공 8년(BC502), 마침내 계환자는 마음을 굳히고 자신의 심장과도 같은 비읍에 총공격을 가하였다. 오랫동안 노나라를 장악해온 계씨가의 가주답게 노련하고 기민했다.

그러나 비읍은 견고했고 공산불요의 저항은 예상보다 완강했다. 오랜 세월 계씨가의 군사력를 책임져온 철옹성은 과연 명불허전이었다. 단단히 성문을 걸어 잠근 공산불요는 도리어 반란을 도모했다. 그리고는 공자를 초빙하였다. 대부계급과 백성들 모두의 존경과 신임을 받는 공자가 비읍으로 들어온다면 민심의 지지를 얻을 수 있으리라 계산한 영리한 수다.

공산불요의 부름을 받은 공자는 비읍으로 들어가고 싶어 했다. 갈등하는 스승의 모습에 의리의 사나이 자로는 무척이나 실망하였다. 속이 상한 자로는 하필 공산불요 같은 놈에게 가려 하시느냐고 볼멘소리를 하였다.

드러내놓고 언짢아하는 제자 앞에서 공자는 '동주東周의 찬연한 옛 문명을 다시 이루어보고 싶어 그런 것일 뿐'이라고 변명을 했지만, 비읍이 결코 자신이 포부를 펼 곳이 못 된다는 걸 공자도 잘 알고 있었다. 물론 비읍으로 들어가지도 않았다. 끝내 반란에 실패한 공산불요는 동료 숙손첩과 함께 제나라로 달아나야 했다.

고국을 지킨 도망자

공산불요는 비읍 반란 사건 이후 오랫동안 『춘추』에 등장하지 않다가 애공 8년인 BC487년에야 다시 그 이름을 드러낸다. 이때 그는 숙손첩과 함께 오나라로 망명해 있었다. 당시 노나라를 치려고 계획하던 오나라는 숙손첩에게 자문했다. 숙손첩은 이 일을 공산불요에게 가서 상의하였다. 공산불요가 노나라에 복수하고 싶은 마음이 클 것이라고 여겨서였다.

그런데 공산불요의 반응은 숙손첩의 예상과 사뭇 달랐다. 오나라가 자신들의 고국故國인 노나라를 치려고 계획한다면 급히 노나라로 달려가 위급한 상황을 알리고 거기서 죽는 것이 군자다운 처신이라고 도리어 숙손첩을 설득하였다. 뿐만이 아니었다. 숙손씨는 노나라 공실과 같은 피붙이기 때문에 숙손첩이 오나라에 붙어 노나라를 공격하는 것은 더더욱 도리에 어긋나는 행위라고 강변하였다.

공산불요는 숙손첩 대신에 자신이 자문에 응하겠노라고 자처하고 나섰다. 그리고 자문을 핑계로 오나라의 노나라 침공을 저지하려고 갖은 노력을 다하였다. 하지만 오나라의 의지는 확고하여 애공 8년 3월에 마침내 대대적인 침공을 시작하였다. 이때 공산불요는 굳이 자신이 앞잡이를 자청하여 길을 인도했다. 그리고 오나라 군사가 무성武城을 향해 진격할 때 일부러 험난한 길로 우회하게 함으로써 노나라로 하여금 전쟁에 대비할 시간을 벌도록 만들어주었다.

중양회와의 알력 때문에 잠시 양호와 협력하였고 계씨와의 불화로 반란을 일으키는 지경까지 갔으나, 공산불요는 양호와 달리 근본까지 막 되어 먹은 인간은 아니었다. 최소한의 인간적 도리는 알았던 것인데, 아마 공자가 부름에 응하려 했던 것은 공산불요라는 사람의 됨됨이를 어느 정도 알고 있었기 때문이 아닌가 한다.

28장 필힐佛肸

선비를 아낄 줄 알았던 반역자

반역자의 초빙에 공자가 관심을 보인 것은 세 번이었는데, 그중 한 번이 필힐의 난 때였다. 초나라와 채나라 사이를 떠돌던 BC490년 전후, 공자의 나이 62세 무렵이었다. 물론 이때도 공자는 자로의 거센 항의를 받아야 했다.

필힐의 초빙 소식을 받았을 무렵의 공자는 그야말로 상갓집 개喪家之狗 신세였다. 사방 모든 나라에서 문전박대당하여 들판을 떠돌며 이슬을 맞고 자던, 어찌 보면 공자의 일생에서 가장 힘들고 곤궁한 시절이었다. 자로 역시 오랜 유랑에 지칠 대로 지쳤고 또 무엇보다 어느덧 자신도 조금씩 늙어가고 있었다. 귀밑머리가 쇠기 시작한 쉰의 자로는 망설이는 스승을 보며 모든 고락의 순간이 와르르 무너져 내리 듯 아팠으리라.

그래서일까. 자로는 여느 때보다 더욱 거세게 대들었다. "제 손으로 악행을 저지른 자에게 가지 않는 것이 군자의 도리라고 예전에 선생님 입으로 말씀하지 않으셨습니까?" 나는 이 대목을 읽을 때마다 초췌한 노스승의 얼굴을 바라보며 갈라지는 목소리로 만류하는 초로의 사내 얼굴이 떠올라 목이 멘다.

그래, 그런 적이 있지. 그러나 하도 단단해 아무리 갈아도 갈리지 않는다고도 하지 않더냐. 하도 결백해 아무리 물 들여도 물들지 않는다고도 하지 않더냐. 나라고 어찌 버려진 조롱박처럼 매달려 있어야만 하겠느냐.

然! 有是言也. 不曰堅乎? 磨而不磷. 不曰白乎? 涅而不緇. 吾豈匏瓜也哉, 焉能繫而不食?

자신의 신세를 아무도 따가지 않는 조롱박에 비유할 정도였으니 현실 정치에서 자신의 이상을 실현해보고 싶은 공자의 열망은 그만큼 절박하였다. 동시에 그것은 반역의 땅에서라도 인의仁義의 씨앗을 뿌려 도道의 꽃을 피워보고 싶다는 열망이기도 했다. 필힐이 어떤 사람이기에 공자는 그 반역의 땅으로 들어가려 하였던 것일까.

필힐은 진晉나라 대부 조간자趙簡子의 가신으로 그 영지인 중모中牟의 읍재였다. 조간자의 중모는 계씨가의 비읍과 놀랍도록 운명이 같았다. 강력한 군사력으로 조간자 권력의 원천이 되었던 읍성이었지만 어느 순간 조간자를 위협하는 골칫덩이가 되어 있었다. 마침내 조간자는 중모를 치려 하였다. 필힐이 반란을 일으킨 것은 이 때문이었다.

필힐은 중모의 유력 인사들을 모아놓고 자신에게 적극 지지해 달라고 요청했다. 필힐이 말하는 동안 마당의 한복판에 걸린 큰 가마솥엔 물이 펄펄 끓고 있었다. 필힐의 요청에 반대하는 사람이 있다면 당장에라도 끓는 솥에 삶길 판이었으니 당부라기보다는 실상 협박에 가까웠다. 수세에 몰린 반역자의 협박 앞에 중모의 인사들은 굴복할 수밖에 없었다.

이때 전비田卑라는 사내가 벌떡 일어나 끓는 솥 앞으로 걸어갔다. 그리고 필힐의 반역 행위와 부당한 협박을 강력하게 규탄하였다. 도의를 어기며 목숨을 부지하거나 사람다운 마음을 버리고 부귀를 이루느니 차라리 삶겨 죽는 편이 낫다고 외치며 그는 스스로 솥으로 들어가려 하였다. 그런데 정말로 뜻밖의 일이 일어났다. 필힐이 버선발로 달려가 그를 부축하여 살린 것이다.

주군에게 버림받은 배신감에 반란을 일으켰던 필힐이지만 그 역시 근본부터 틀려먹은 양호와는 달랐다. 전비를 부축한 행위에 가식적인 면이 전혀 없다고 하기는 어렵다. 그러나 그것을 참작한다 할지라도 필힐은 선비의 정신이 무엇인지 또 그것을 지키려는 선비를 어떻게 예우해야 하는지 정도는 알았던 사람이었다. 공자를 불렀던 것도 그와 무관하지 않다. 물론 필힐과 공자의 만남은 끝내 이루어지지 않았다.

29장 최자崔子

자신이 키운 가시덤불에 찔려 죽은 악인

원수는 갚고 은혜는 저버린 야망가

제나라 대부 최저崔杼. 이 인면수심의 야망가는 흔히 최무자崔武子로도 불린다. 처음 정계에 발을 들여놓던 청년 시절, 그는 제나라 혜공惠公의 신임을 받았다. 그러나 혜공이 사망한 뒤 라이벌 관계에 있던 고씨高氏와 국씨國氏의 협공을 받고 위나라로 망명해 오랜 세월을 국외에서 떠돌아야 했다.

시기를 특정하기는 어렵지만 『춘추』의 기록으로 보아 망명한 지 25년이 지난 BC574년 무렵에는 다시 제나라로 돌아와 활동한 것으로 추정된다. 이때는 영공靈公이 자리에 올라 자신의 체제를 구축해가던 시기로 최자는 영공의 신임을 얻어 다시 최고의 권력을 거머쥐게 된다. 그런데 권력을 잡는 과정이나 그 이후 저지른 여러 만행은 그가 어떤 인간인지를 보여준다.

영공은 미모로 이름났던 첩을 매우 사랑하였다. 마침내 태자 광光을 폐하고 첩의 아들을 태자에 봉하였다. 그런데 BC544년 무렵 영공이 늙어 병상에 눕자, 최자는 제 마음대로 폐위된 태자를 불러들여 임금으로 세웠다. 정계에서 소외된 자신을 등용하여 30년이나 되는 긴 세월을 한결같이 신임해준 영공이 아직 눈을 감기도 전이었다.

이해 여름, 최자는 쇄람灑藍에서 고후高厚를 죽이고 그의 집과 재산을 몰수했다. 명분은 그럴듯했다. 첩의 아들이 태자가 되었을 때 고후가 그의 스승이었다는 것이다. 하지만 실제로는 55년 전 자신을 위나라로 축출했던 고씨高氏 일가에 해묵은 앙갚음을 하는 동시에 자신의 앞길에 방해가 되는 영공의 측근 세력을 숙청하기 위한 야비한 술수였다.

태자의 지위에 올라 부친 영공이 죽기도 전에 임금 자리를 꿰찬 사람이 바로 장공莊公이다. 장공의 옹립은 처음부터 끝까지 최자의 수완 아래 이루어졌다. 당연히 최자는 장공의 최측근이 되었고 조정에서 무소불위의 권력을 휘두르게 되었다. 하지만 뒷날의 모든 비극은 여기에서 빚어졌다.

미망인을 두고 벌인 추잡한 질투의 결말

최자의 권력이 하늘을 찌를 즈음 당읍棠邑의 대부 당공棠公이 사망했다. 최자는 당읍으로 조문을 갔다. 그런데 어이없게도 조문을 간 자리에서 당공의 처 당강棠姜을 보자마자 한눈에 반해버리고 말았다. 늙은 권력자가 상복을 입은 앳된 미망인에게 그만 마음을 빼앗겨버린 것이다.

최자는 대단한 미색의 이 미망인이 궁금했다. 은밀히 그녀의 신상을 캐보자 당강이란 여인은 동곽언東郭偃이란 하대부의 누이였는데, 동곽언은 하필 최자가 거느리고 있던 가신이었다. 최자는 곧바로 가신 동곽언을 압박하여 기어이 그 누이 당강을 취했다.

일은 묘하게 꼬여 돌아갔다. 젊은 임금 장공莊公 역시 그녀의 미모에 반했다. 결국, 장공은 군주의 체면도 잊고 미모의 미망인과 밀회를 즐기느라 자꾸만 최자의 집을 드나들었다. 그것도 모자라 장공은 최자 집안의 재물을 멋대로 써버리기까지 했다. 자신을 옹립한 공신의 여자와 그의 재산을 가로챈 것이다. 화가 머리끝까지 치민 최자는 칼을 갈기 시작했다.

마침내 최자는 측근을 매수하고 틈을 노려 장공을 시해하였다. BC548년 여름의 일이다. 주군을 시해한 최자는 자신의 권력에 방해가 되는 무수한 인물들을 모조리 제거하였다. 축타보祝佗父와 신괴申蒯 등의 충신들이 모두 이때 죽었고, 제나라 정치를 담당하던 거물급 대부들이 대거 국외로 달아나야 했다.

에잇, 최자와 같은 놈!

대부 진문자陳文子가 국외로 망명한 것도 바로 이때의 일이다. 임금을 시해한 최자는 못 할 짓이 없었다. 진문자는 최자를 피해 제나라 밖으로 도망가 여러 나라를 전전했는데, 이 나라 저 나라를 기웃거리는 비참하고 긴 망명길에서 무도하고 횡포한 사람을 만나기만 하면 번번이 이렇게 비난했다고 한다.

> 에잇, 우리나라 대부 최자 같은 놈!
>
> 猶吾大夫崔子也

이 말 한마디로 진문자는 공자에게 '맑은 사람'이란 평을 받았다. 별것 없는 짧은 비난처럼 보이지만, 앙갚음과 배신 그리고 강간과 시해로 뒤범벅된 최자의 일생을 알고 나면 진문자의 저 말이 얼마나 지독한 욕인 줄을 짐작하기 어렵지 않다. 오늘날로 치면 진문자는 '최자스럽다'는 욕을 처음 만든 것인데, 최자를 피해 망명한 진문자가 정말로 맑은 사람이었는지는 생각해볼 일이겠지만 최자가 최악의 저질 인간이었던 것만큼은 움직일 수 없는 사실이다.

가시덤불에 앉은 인생

최자는 장공을 세웠을 때처럼 자신의 손으로 다시 경공景公을 세웠다. 제나라 조정은 완전히 그의 것처럼 되었고, 그를 막을 수 있는 것은 아무것도 없어 보였다. 하지만 으레 그렇듯이 화는 등잔 밑에서 싹트고 있었다.

최자는 당강과의 사이에서 명明이란 아들 하나를 두어 그를 총애하였다. 그리고 당강이 데려온 아들, 곧 당공의 핏줄인 당무구棠無咎를 몹시 신뢰하여 집안의 대소사를 거의 당무구와 상의하였다. 이 때문에 본처의 아들, 당강 사이의 아들 명, 당강이 데려온 아들 당무구 이들 간에 반목이 생기고 말았다. 이 미묘한 틈을 제나라의 권신 경봉慶封이 비집고 들어왔다. 마침내 경봉의 이간질로 최자는 제 손으로 자식들을 죽이고 자신도 자결하고 만다. 야욕으로 얼룩졌던 생애만큼이나 허무하고 참담한 최후였다.

이전에 최자가 미망인 당강을 데려올 때 점을 친 일이 있다. 그때 얻은 점괘가 '가시덤불에 걸터앉은 격'據于蒺藜이란 말이었다. 이를 본 당강의 오라버니 동곽언은 '믿는 사람에게 찔려 죽는다'는 의미로 해석하여 둘의 결합을 한사코 만류하였다. 물론 최자는 동곽언의 충고를 귓등으로도 듣지 않았다. 하지만 결국 점사가 정확히 들어맞은 셈이다. 아니 꼭 점사를 들먹일 것도 없다. 배신과 야욕으로 일관한 최자의 삶 자체가 가시덤불에 앉은 인생이었다.

30장 진성자陳成子

집요하고 잔혹한 늙은 반역자

제나라를 토벌하소서

BC481년, 제나라로부터 급보가 날아들었다. 대부 진성자가 임금 간공簡公을 시해하였다는 소식이었다. 71세의 공자는 늙은 몸을 이끌고 황급히 애공哀公에게 달려가 제나라를 토벌할 것을 청하였다. 시해와 반역의 대죄를 천자에게 고하여 무너진 법도를 바로 잡으시라 간청하였다. 시해와 찬탈은 공개적으로 토벌할 수 있는 것이 춘추대의春秋大義의 하나였기 때문이다.

춘추시대에 군주 시해 사건은 잦다고 할 수 없을지는 몰라도

목욕을 하고 진성자를 토벌하라 청하는 공자

그렇다고 드문 일도 아니었다. 최자의 전례에서 보듯이 제나라에서만 몇 차례 발생했었고, 열국으로 눈을 돌려 실패한 경우까지 세어보면 꼭 적지도 않았다. 그런데 갑자기 토벌 요청이라니. 대의大義나 들먹이는 노인네의 물정 모르는 오지랖으로 치부하고 말기엔 어딘가 석연치 않다.

애공은 '삼가三家와 의논하시는 편이 좋겠다'며 책임을 회피하였다. 애공의 말을 들은 공자는 곧장 삼가에게 달려가 토벌을 청하였다. 역시 심상찮다. 종전에 일어난 시해 사건들과 달리 이번 사건을 공자가 자못 심각하게 받아들이고 있다는 뜻이다. 무엇이 늙은 현자를 걱정스럽게 만들었던가. 저간의 사정을 알기 위해 잠시 『사기』「제태공세가」의 내용을 빌려보기로 하자.

진희자陳僖子의 반란과 찬탈

비열한 야망가 최자가 참담하게 죽은 이후 진문자가 제나라 국정에 깊이 관여하였고, 그때부터 진씨陳氏 일가는 급격히 성장하였다. 그러다가 진희자陳僖子가 권력을 잡고부터는 공실을 전복시키고 제나라를 차지할 마음을 품기에 이르렀다. 진씨 일가의 권력은 이미 오래전부터 공실을 능가하던 터였다.

이 무렵 진晉나라에서 범길사范吉射와 중항인中行寅이 반란을 일으켰다가 실패한 사건이 발생했다. 죽을 위기에 몰린 그들은 제나라의 진희자에게 도움을 청하였다. 유유상종이라던가. 반역 마음을 품고 있던 진희자는 이웃 나라의 반역자들을 도와 살려주었다.

진성자의 간공 시해는 이때 이미 그 씨앗이 이미 뿌려졌다.

마침 불행하게도 제 경공의 맏아들이 죽고, 애첩 예희芮姬와의 사이에서 난 아들 도荼가 태자에 책봉되었다. BC490년, 경공은 58년이란 긴 재위를 마치고 세상을 떠났고 도가 그 뒤를 이었다. 바로 안유자晏孺子이다. 안유자가 군주에 오르자 이복형제들은 모두 다른 나라로 망명하였다.

BC489년 6월, 진희자는 오랜 시간 준비해온 반란을 감행하여 안유자를 구금하고, 몸소 노나라로 가 망명 중이던 왕자 양생陽生을 잡아 왔다. 망명자의 신세라고는 하나 그래도 경공의 아들이건만 진희자는 그를 자루에 넣고 짐짝처럼 다루었다. 그리고는 비밀리에 들여와 갑자기 대부들 앞에서 공개하고 군주로 세웠다. 이가 도공悼公이다.

군주의 자리에 오른 도공은 이복형제 안유자를 유배시켰다. 유배지로 가는 길, 들판에 친 막사 안에서 안유자는 무참히 살해당하였다. 진희자는 잔혹했고, 권력 맛을 본 도공은 비정했다.

진씨 일가의 위기와 진성자의 시해

제나라는 당장에라도 진씨陳氏 일가의 손에 떨어질 것처럼 보였다. 그러나 예상과 달리 일은 전혀 엉뚱한 방향으로 흘러갔다. 진씨 일가를 이끌던 진희자가 그만 죽고 말았다. 엎친 데 덮친 격으로 진晉나라에서는 찬탈로 들어선 임금을 토벌한다는 저 춘추대의를 내세워 조앙趙鞅이 공격해왔다. 지난날 반역자 범길사를 도와준 진씨 일가를 향한 해묵은 앙갚음이었다.

진나라의 공격을 받은 도공은 노나라로 피신하였다가 이내 맥없이 죽었다. 따라간 어린 아들이 임금 자리에 올랐는데, 이가 바로 간공簡公이다. 눈물겨운 망명 시절, 철부지 간공을 모시며 지켜준 신하는 감지闞止였다. 어린 간공은 그를 몹시 따르고 신임하여 자신이 군주의 자리에 오르자 제나라 국정을 모두 감지에게 맡겼다. 진씨 일가로서는 죽 쑤어 개 준 꼴이 되었다.

권력을 잡은 감지와 진씨 일가의 충돌은 불가피하였다. 진씨 일가의 인사들은 새로운 가주 진성자陳成子에게 서둘러 감지를 제거하고 간공을 시해하라고 재촉했다. 누대에 걸쳐 쌓아온 모든 것이 일거에 물거품이 될 위기에 몰린 진씨 일가로서는 어찌 되었건 건곤일척의 승부수를 띄울 수밖에 없었다.

이윽고 간공 5년 5월, 진성자는 마침내 역모를 일으켰다. 단대檀臺에서 여인들과 술을 진탕 마시고 있던 간공은 허겁지겁 달아나다가 서주徐州에서 시해되었다.

애공을 향한 걱정, 삼가를 향한 경고

춘추시대에 시해나 반역 사건이 일어나면 그것이 토벌의 명분이 된 것은 분명하다. 누구나 그 죄를 단죄할 수 있었고, 징벌적 공격은 정당한 권리 행사로 용인되었다. 하지만 실제로 그것은 강국의 몫이었다. 약국의 군주인 애공으로서는 제나라를 공격할 형편도 역량도 되지 않았다. 그럼에도 이제까지의 많은 시해 사건과 달리 공자가 황급히 애공에게 달려가 제나라 토벌을 강력히 요청한 이유는 무엇일까?

아마 공자는 애공에게 특정 집안에 의해 임금이 세워지거나 휘둘리는 불행이 거듭된다면 그 끝은 반드시 군주 시해로 귀결되고 만다는 무서운 사실을 명확히 알리고 싶었던 것으로 보인다. 진성자의 경우 그 부친 진희자와 2대에 걸쳐 안유자와 간공을 시해했으니, 공자로서 보면 이는 국가의 위계가 완전히 전도된 사건이었다.

노나라의 사정도 크게 다르지 않았다. 계평자에 의해 소공이 나라 밖으로 축출되었다가 국외에서 생을 마감한 선례가 있었고, 그 이후로도 애공에 이르기까지 오랜 세월 노나라 공실은 삼가에 의해 휘둘리고 있었다. 요컨대 진성자의 간공 시해 사건에서 공자는 애공의 죽음을 본 것이다. 애공에게 토벌을 간청한 것은 그 때문인데, 이는 진짜 출병하자는 것이 아니라 하루빨리 강력한 군권을 확립하라는 호소이다.

삼가에게 가서 시해 사건을 알리고 토벌을 청한 것도 같은 이유이다. 진성자의 무도함을 알리고 제나라를 단죄하려는 데 목적이 있었던 것이 아니다. 그것은 애공 시해는 꿈도 꾸지 말라는 강력한 경고이다. "공자의 의도는 그 죄를 지목하여 위로 천자에게 아뢰고 아래로 제후들에게 고하여 동맹국들과 토벌하고자 한 것이다."라고 한 정자의 말은 그래서 약간 수정될 필요가 있다. 공자가 정말로 출병에 마음을 두고 있었다고 믿는다면, 그것은 순진할 정도로 공자를 단순하게 이해한 것이라 하겠다.

부록

공자孔子 약전略傳

BC551년. 공자 탄생

노魯나라 평창향昌平鄕 추읍陬邑에서 태어나다. 선조는 송宋나라 사람 공방숙孔防叔이다. 아버지는 공숙량흘孔叔梁紇, 어머니는 안징재安徵在이다. 이구산尼丘山에 기도하여 잉태하였다고 한다. 이름은 '구丘', 자는 중니仲尼이다.

BC549년. 공자 3세

부친 숙량흘이 세상을 떠나다.

방산防山에 장례를 치른 다음 어머니와 곡부의 궐리闕里로 들어가다.

BC547년. 공자 5세~15세

놀이를 할 때면 늘 제기를 진설하고 제사지내는 절차를 흉내내다.

BC535년. 공자 17세

정자산鄭子産이 형정刑鼎을 주조하다.

BC532년. 공자 20세

이 무렵 아들 이鯉를 얻다.

출사하여 계리委吏, 승전乘田 등의 말단 관리직에 종사하다.

BC529년. 공자 23세

궐리闕里에서 강학을 시작하다.

BC528년. 공자 24세

어머니가 세상을 떠나 방산의 선친 묘에 어머니를 합장하다.

BC523년. 공자 29세

사양師襄에게 거문고를 배우다.

이 무렵 자로子路를 만나다

BC522년. 공자 30세

이 무렵 학단을 열다.

정자산鄭子産이 눈을 감다.

BC521년. 공자 31세

주나라로 가서 예를 배우다.

BC518년. 공자 34세

맹희자孟僖子가 죽기 전 아들 맹의자孟懿子와 남궁경숙南宮敬叔에게 공자를 스승으로 삼으라 유언하다.

맹의자와 남궁경숙이 공자에게 와서 예를 배우다.

BC517년. 공자 35세

노나라에 내란(계평자季平子의 반란)이 발생하다.

소공이 제나라로 망명할 때 수행하다.

BC516년. 공자 36세

제나라 경공景公이 정치를 묻다

안영晏嬰을 만나다

제 경공이 이계尼谿에 봉하려 하였으나 안영晏嬰에 의해 좌절되다.

BC515년. 공자 37세

소악韶樂을 들은 공자는 석 달 동안 고기맛을 잊고 침잠하다.

제나라에서 노나라로 돌아가다.

BC512년. 공자 40세

학단을 형성하다.

BC510년. 공자 42세

소공이 눈을 감고, 정공이 임금이 되다

BC505년. 공자 47세

계평자가 죽고, 양호陽虎가 반란을 일으켜 계환자를 구금하다.

벼슬에 뜻을 접고 시詩서書와 예禮악樂 정리에 힘을 쏟다.

BC504년. 공자 48세

양호가 공자에게 돼지를 보내다.

BC502년. 공자 50세

계환자가 비읍費邑에 공격을 명하다

공산불뉴公山不狃가 비읍에서 반란을 일으키고 공자를 초빙하다.

BC501년. 공자 51세

양호가 제나라로 망명하다

중도中都의 읍재가 되다.

BC500년. 공자 52세

안평중晏平仲이 눈을 감다.

협곡夾谷의 회맹會盟에 참여하다.

회맹이 끝난 후 제나라로부터 운鄆, 환讙, 귀양龜陽의 전야를 돌려받다.

BC498년. 공자 54세

삼가의 삼도三都를 허물고자 했으나 좌절하다.

계씨가 비읍의 성을 허물다.

공산불뉴가 제나라로 망명하다

BC497년. 공자 55세

제나라에서 미녀와 음악단을 보내오다.

계환자가 사흘 동안 조회에 참석하지 않다.

봄의 교제郊祭가 끝난 뒤 번육膰肉이 돌아오지 않다.

늦은 봄, 노나라를 떠나 위衛나라로 가다.

위령공이 노나라 녹봉에 상응하는 예우를 해주다.

BC496년. 공자 56세

위나라를 떠나 진陳나라로 가던 도중 광匡 지방에서 공격을 받다.

자로가 몸소 창을 잡고 막아서고, 탈출하다가 안연이 길을 잃다.

위나라로 돌아와 거백옥의 집에 머물다.

위령공이 행차를 할 때 남자南子와 수레를 함께 타고 가다.

BC495년. 공자 57세

노나라로 돌아오다.

정공 15년, 자공이 정공의 죽음을 예언하다.

여름 5월, 정공이 승하하다.
위령공의 부인 남자南子의 밀회가 소문나 맏아들 괴외蒯聵와 다투다.
위나라 태자 괴외蒯聵가 망명하다.

BC494년. 공자 58세
애공이 임금 자리에 오르다.
오吳나라가 월越나라를 쳐서 회계會稽를 함락하다.

BC493년. 공자 59세
다시 위나라로 가 거백옥의 집에 머물다.
위 령공衛靈公이 눈을 감고 손자 첩輒이 공위에 오르다.

BC492년. 공자 60세
송宋나라로 가는 길에 나무 아래에서 제자들과 예를 익히다.
정鄭나라, 채蔡나라를 거쳐 초楚나라 섭현葉縣에 당도하다.
섭공과 만나 정직에 대한 견해를 나누다
가을, 계환자가 죽고 계강자季康子가 가주 자리에 오르다.

BC491년. 공자 61세
진陳나라에 머물다.
계강자가 공자를 부르려 하였으나 성사되지 않다.
염구가 계강자의 가신이 되다.

BC490년. 공자 62세
제 경공齊景公이 눈을 감다.
필힐佛肹이 중모中牟를 거점으로 반란을 일으키고 공자를 초빙하다.

BC489년. 공자 63세

진陳나라와 채蔡나라 등을 전전하며 극도의 곤궁함 속에 지내다.

채나라에 있다가 초나라로 가다.

섭공葉公이 공자에게 정치에 대해 묻다.

초나라를 떠나 다시 위衛나라로 가다.

BC488년. 공자 64세

위나라로 가다.

오왕吳王 부차夫差가 노나라에 회합을 요구하여 자공이 물리치다

BC484년. 공자 68세

위나라에서 노나라로 돌아오다.

애공哀公이 국정을 자문하다.

계강자가 국정을 자문하다.

BC483년. 공자 69세

세제稅制 개악을 꾸짖으며 염유를 파문하다.

시詩서書와 예禮악樂을 정리하다.

아들 공리孔鯉(50세)가 죽다.

BC482년. 공자 70세

수제자 안연이 죽다.

BC481년. 공자 71세

봄에 대야大野에서 사냥을 하다가 기린을 잡다.

제나라 대부 진성자陳成子가 간공簡公을 시해하다.

목욕하고 애공에게 제나라 토벌을 요청하다.

BC480년. 공자 72세

첫 제자 자로가 공회孔悝의 난에 휘말려 죽다.

BC479년. 공자 73세

여름 4월 기축일, 눈을 감다.

경북대학교 인문교양총서

경북대학교 인문교양총서 1
한글 편지로 본 조선 시대 선비의 삶
★2011년 문화체육관광부 우수교양도서
백두현 | 10,000원 | 2011.02.28.

경북대학교 인문교양총서 2
오직 하나의 독일을
이덕형 | 9,000원 | 2011.02.28.

경북대학교 인문교양총서 3
데카르트의 역설
문장수 | 10,000원 | 2011.02.28.

경북대학교 인문교양총서 4
미하일 바흐친과 폴리포니야
이강은 | 9,000원 | 2011.06.30.

경북대학교 인문교양총서 5
쏘로우와 월든 숲속의 삶
박연옥 | 7,000원 | 2011.08.30.

경북대학교 인문교양총서 6
존 밀턴의 생애와 사상
최재헌 | 9,000원 | 2011.09.08.

경북대학교 인문교양총서 7
토마스 아퀴나스에게 듣는 인간학의 지혜
이명곤 | 10,000원 | 2011.11.30.

경북대학교 인문교양총서 8
노자의 눈에 비친 공자
김규종 | 8,000원 | 2011.12.26.

경북대학교 인문교양총서 9
세계화 시대의 한국연극
김창우 | 12,000원 | 2012.01.31.

경북대학교 인문교양총서 10
새로운 민주주의와 헤게모니
양종근 | 10,000원 | 2012.01.31.

경북대학교 인문교양총서 11 | **10개의 키워드로 이해하는 아리스토텔레스 철학**
전재원 | 9,000원 | 2012.01.31.

경북대학교 인문교양총서 12 | **삼국유사 원시와 문명 사이**
정우락 | 9,000원 | 2012.01.31.

경북대학교 인문교양총서 13 | **자연을 닮은 생명 이야기**
이재열 | 9,000원 | 2012.01.31.

경북대학교 인문교양총서 14 | **한국 현대 대중문학과 대중문화**
전은경 | 10,000원 | 2012.01.31.

경북대학교 인문교양총서 15 | **함세덕, 그가 걸었던 길**
김재석 | 10,000원 | 2012.01.31.

경북대학교 인문교양총서 16 | **니체와 현대예술**
정낙림 | 10,000원 | 2012.05.30.

경북대학교 인문교양총서 17 | **탈식민주의의 얼굴들**
김지현·박효엽·이상환·홍인식 | 10,000원 | 2012.05.31.

경북대학교 인문교양총서 18 | **임나일본부설, 다시 되살아나는 망령**
주보돈 | 9,000원 | 2012.07.30.

경북대학교 인문교양총서 19 | **김시습과 떠나는 조선시대 국토기행**
김재웅 | 10,000원 | 2012.12.31.

경북대학교 인문교양총서 20 | **철학자의 행복여행**
이상형 | 10,000원 | 2013.02.28.

경북대학교 인문교양총서 21 | **러시아 고전 연애로 읽다**
윤영순 | 9,000원 | 2013.02.28.

경북대학교 인문교양총서 22 | **민족의 말은 정신, 글은 생명**
이상규 | 12,500원 | 2013.08.30.

경북대학교 인문교양총서 23
영국 낭만주의 시인들의 자연 친화
김철수 | 7,500원 | 2013.10.10.

경북대학교 인문교양총서 24
동화가 말하지 않는 진실 - 그림 형제의 동화
김정철 | 7,000원 | 2014.02.19.

경북대학교 인문교양총서 25
교양 일본문화론
★2014년 세종도서 교양부문
이준섭 | 9,000원 | 2014.02.28.

경북대학교 인문교양총서 26
훔볼트 형제의 통섭
김미연 | 10,000원 | 2014.02.28.

경북대학교 인문교양총서 27
사서삼경 이야기
이세동 | 10,000원 | 2014.08.14.

경북대학교 인문교양총서 28
증점, 그는 누구인가
임종진 | 9,000원 | 2014.10.22.

경북대학교 인문교양총서 29
토니 모리슨의 삶과 문학
한재환 | 9,000원 | 2015.05.29.

경북대학교 인문교양총서 30
사고와 언어 그리고 과학과 창의성
김노주 | 10,000원 | 2015.10.20.

경북대학교 인문교양총서 31
괴테, 치유와 화해의 시
최승수 | 8,000원 | 2016.09.09.

경북대학교 인문교양총서 32
기억의 정치와 역사
황보영조 | 10,000원 | 2017.05.10.

경북대학교 인문교양총서 33
일상에서 이해하는 칸트 윤리학
김덕수 | 10,000원 | 2018.04.27.

경북대학교 인문교양총서 34
화두를 찾아서
★2018년 올해의 청소년교양도서
김주현 | 10,000원 | 2017.11.30.

경북대학교 인문교양총서 35

쾌락에 대하여

전재원 | 9,000원 | 2018.05.28.

경북대학교 인문교양총서 36

유신과 대학

이경숙 | 10,000원 | 2018.06.27.

경북대학교 인문교양총서 37

19세기 유럽의 아나키즘

★2019년 세종도서 교양부문 우수도서

채형복 | 10,000원 | 2019.01.29.

경북대학교 인문교양총서 38

선비와 청빈

★2019년 세종도서 교양부문 우수도서

박균섭 | 9,000원 | 2019.03.28.

경북대학교 인문교양총서 39

물리학의 인문학적 이해

김동희 | 10,000원 | 2019.10.31.

경북대학교 인문교양총서 40

비부한선 - 조선시대 노동의 기억

★2020년 세종도서 교양부문 우수학술도서

김희호 | 9,000원 | 2019.12.26.

경북대학교 인문교양총서 41

누정에 오르는 즐거움

권영호 | 14,000원 | 2019.12.27.

경북대학교 인문교양총서 42

마당극 길라잡이

김재석 | 10,000원 | 2020.06.19.

경북대학교 인문교양총서 43

감정, 인간에게 허락된 인간다움

- 다섯 가지 감정에 관한 철학적인 질문

신은화 | 9,000원 | 2020.08.14.

경북대학교 인문교양총서 44

일연과 그의 시대

한기문 | 10,000원 | 2020.11.16.

경북대학교 인문교양총서 45

대중서사와 타자 그리고 포비아

김상모 류동일 이승현 이원동 | 12,000원 | 2021.2.25.

경북대학교 인문교양총서 46 | 일본 미디어믹스 원류 시뮬라크르 에도江戸
손정아 | 10,000원 | 2021.5.18.

경북대학교 인문교양총서 47 | 막심 고리키의 인간주의
이강은 | 10,000원 | 2021.6.14.

경북대학교 인문교양총서 48 | 최한기의 시대 진단과 그 해법: 통섭형 인재되기
김경수 | 9,000원 | 2021.7.8.

경북대학교 인문교양총서 49 | 순례의 인문학 – 산티아고 순례길, 이냐시오 순례길
황보영조 | 14,000원 | 2021.7.8.

경북대학교 인문교양총서 50 | 새봄, 그날을 기다린다 – 나혜석의 봄은 왔을까
정혜영 | 10,000원 | 2022.5.12.

경북대학교 인문교양총서 51 | 영국 소설, 인종으로 읽다
허정애 | 12,000원 | 2022.5.12.

경북대학교 인문교양총서 52 | 『논어』 속의 사람들, 사람들 속의 『논어』
이규필 | 12,000원 | 2022.6.8.

경북대학교 인문교양총서 53 | 거대한 뿌리: 박정희 노스텔지어
강우진 | 출간 예정

경북대학교 인문교양총서 54 | 자연과의 공생과 생태유토피아
조영준 | 출간 예정

경북대학교 인문교양총서 55 | 철학으로 마음의 병 치유하기
주혜연 | 출간 예정